JN011557

海球小説

次世代の発達障害論

著＝横道 誠

解説＝村中直人

ミネルヴァ書房

海球小説

——次世代の発達障害論——

死ぬ日まで天を仰ぎ
一点の恥じ入ることもないことを、
葉あいにおきる風にさえ
私は思い煩った。
星を歌う心で
すべての絶え入るものをいとおしまねば
そして私に与えられた道を
歩いていかねば。
今夜も星が風にかすれて泣いている

尹東柱／金時鐘編訳（二〇一二）『空と風と星と詩——尹東柱詩集』岩波書店、九頁

「なあ、ちゃんとできてる？」とセイゴがミノルに尋ねる。あくびが出そうになっていたミノルは、あわてて意識を戻して、セイゴの顔を見つめ、にっこりと笑う。先週から新たに学びだした言語に夢中になっているセイゴは、「あ」と「は」の中間音をちゃんと発音できているかが気になって、ミノルに確認を求めたのだ。ミノルはセイゴの眼をじっと見て、「うん、すごくうまいと思うよ」と保証する。

「オレのはどうだ」と、今度はヤマトから話しかけられる。ヤマトはミノルに向かって、「カ」や「ク」や「コ」と発音してみせるが、ミノルにはそれぞれの音が濁っているように、つまり「ガ」や「グ」や「ゴ」と聞こえる。それでもミノルは笑顔を絶やさずに、「すごくいいと思う。ぼくにはできそうもないよ」と言って、ヤマトに笑いかける。

「探究」の時間は、いつもこんな具合だ。ミノルはいろんなクラスメイトにつきあわされて、ある意味では「モテる」。じぶんが好きなものをなんでも探究して良いというこの時間、クラスメイトたちはよく、いろんな外国語を身につけるために練習に耽っている。外国語が好きな子たちは、とても熱心にやっている。しかしミノルにはどうも外国語学習はピンとこなかった。翻訳ソフトや通訳ソフトが発展して、外国語を学ばなくても外国人同士が充分に意思疎通ができるようになった現代に、なぜ苦労して外国語を一から学ばなくてはならないのだろうか。発音を練習し、単語を暗記し、文法の構造を頭のなかで整理し、文章を解釈し、外国語を母国語に訳してみる。ミノルにはむしろ退屈に感じられてならない。担当のイズミ先生は、ある言語の音が優雅だとか、文字がオシャレだとか、文法がかっこいいとか口にするけれど、そういうこともミノルにはピンとこない。

この「探究」の時間、人気があるのは必ずしも言語の学習ばかりではない。「おい、ミイ、このバッタかっこいいだろ?」と言って、ユウがミノルに図鑑を見せてくる。ミノルが笑顔を作って、広げられた図鑑に身を乗りだすと、見開きのページには外国産の色彩豊かな昆虫たちの写真が並んでいる。バッタ、カナブン、チョウ、トンボ。緑、黄、赤、青、茶、灰と賑やかに色が乱舞している。これでもかと言わんばかりの派手な配色、自然界の神秘。

ミノルがどう感想を述べようかと悩んでいると、横からリョウが図鑑を凝視して、「僕はこれが好きだな」と叫んで、雄渾なアゴを持つクワガタムシを一所懸命に指さしてきた。ユウとリョウはたちまち意気投合して、図鑑のほかのページをめくって、好き嫌いについて熱心に語りはじめる。

ミノルも何年か前までは、友だちと昆虫採集に行ったり、捕まえてきたカブトムシやカマキリを飼育したりしたことはあった。でも、一〇歳になる頃には、昆虫のたぐいに興味をなくしてしまって、一五歳の現在に至る。他方で、同い年のクラスメイトたちのあいだでは、とくに男の子のあいだでは、昆虫はあいかわらず興奮を巻きおこしやすいものなのだ。

「探究の時間」で困るのは、ミノルは耳にちょっとした問題を抱えているということだ。教室内のあちこちから聞こえてくるさまざまな音を、ミノルの耳は間断なく拾いあげてしまう。ほかのクラスメイトの聴覚はもっと寛容で、ほどほどに聞くということができている。ミノルはいつだって、音となって届けられるクラスメイトの語りの熱量に圧倒されてしまう。聴覚が過敏なのだ。

ミノルもいちおう、机の上にスポーツに関する図鑑を置いて、バスケットボールを写真つきで解説しているページを開いている。しかし、こういうものは本で読むよりもじぶんで実際にやってみるほうが何倍も楽しいのはもちろんのことだ。だからページをめくる手は止まってしまって、まわりをきょろきょろと眺めてしまう。そうすると、クラスメイトの誰かから話しかけられて、その子自身の世界に引きいれられそうになってしまうのだ。

まわりに気を遣いながら過ごすミノルの「探究」の時間は、いつもじりじりと遅く過ぎていく。早く授業が終わらないかな、とミノルは頭の片隅で願いながらも、まわりの友人たちに話を合わせている。

やがてキーンコーン、カーンコーンという鐘の音が鳴って、授業が終わる時刻を知らせてくれる。今度はホームルームの時間だ。イズミ先生が出ていき、タキザワ先生が入ってくる。そして、きょうは変わったことがなかったかを生徒たちに向かって確認する。そのあと、あしたから三者面談が始まるから、親子揃って忘れずに参加するようにと注意喚起を受ける。

タキザワ先生は異常なほど整然と話すのだが、それがミノルはなんとなく苦手だ。つぎからつぎへとそのものズバリの情報がタキザワ先生の口から発語されていくので、ミノルはそれを必死で追いかけなければならない。みんなが問題なく飲みこめているのが不思議に感じられる。そんなだから、先生が話しおわっても、ミノルは頭がぼおっとしている。六年前に担任だった先生にもそのような印象を抱いていたことを思いだす。「純度」が高すぎる話し方で、じぶんには向いていない、とミノルは感じる。

先生が話を終えて「ではきょうはこれで解散。気をつけて帰宅するように」と言うやいなや、うしろの席のシンが、すっと近寄ってきて、ミノルに言った。

「きょうもぼくんち来るよね?」

ミノルは噴きだしそうになる。「きょうも」というのは、きのうもおとといも、シンのうちに行ったからだ。とくにきのうはクラスメイトが六人も集まって、オンラインゲームの『アルティメットクエスチョン5』をみんなでプレイした。オンラインゲームなのだから、それぞれの家でバラバラにプレイしても良さそうだが、シンは集まってやったら興奮度が違うと言っている。その感じ方は、ミノルにもよくわかる。
「もちろん！」とミノルは答える。ミノルにとって『アルティメットクエスチョン5』は、ほんとうは好みのど真ん中の作風ではないのだけれど、シンはこのゲームに夢中だから、ミノルはその熱意に水を差さないように言動を慎重に選ぶ。そうすることで、シンは心底満足そうに眼を細めるから、ミノルはその顔つきを見るだけで、とてもうれしくなるのだ。シンと教室を出ようとすると、タキザワ先生から「あしたは時間どおりにね」と声をかけられた。

ミノルはついつい、クラスメイトより歩くペースが速くなる。一緒に下校する友だちがミノルを追いかけるようにして歩いているなと気づくと、ミノルはあわてて速度を落とす。シンとは気が合う場面が多いと思うのだけれど、歩く速度はやはりチグハグだ。シンのように落ちついて歩くことは、ミノルには難しい。歩きながら見せる視線の動きや言葉の操り方にしても、ミノルはシンほど落ちついていない。シンはほとんど無言でいて、青い空を見あげたり、彼方に横たわる緑の山の稜線を眼で追うのだが、その動きには起伏が控えめで、じつになだらかだ。どこかで小鳥たちが一斉に羽ばたくと、そちらに気持ちを奪われるけれど、すぐにまた青い空や緑の稜線に心は帰っていく。

そんなシンの悠然としたそぶりは、ミノルにはどうしても耐えられないものがあって、挙動不審になってしまいそうになる。シンが黙っていると、つい話しかけてしまう。ミノルは視線の動きにしても、どことなくせわしなく、さまざまな音や色や形に反応して、注意があちらこちらへと向く。ミノルはシンに向かって言う。

「ねえ、タキザワ先生の話ってわかりにくくない？」

シンは聞いているのかいないのか、あいかわらず視線を彼方に固定して、黙ったまま歩いている。ミノルは「ねえってば」と促す。シンは「うん？」と応える。

「タキザワ先生の話がわかりにくくない、って訊いた」

「タキザワ先生が？　そうかな？」

「シンはそう思わないの？」

「うーん」とシンはしばらく黙りこむ。あいかわらず空や山を見つめたままだ。

「とくに違和感はないかなあ」

ミノルは「そうなんだ」と拍子抜けする。気が合うと感じるシンでも違和感を覚えないと言うんだったら、ほかのクラスメイトたちの返事は、ますます望み薄だ。タキザワ先生への違和感について思いを共有しあえる仲間がいないというのは、とても残念なことに思えた。

ふたりの前方を、右からふいに自動車が走ってきて、横切りそうになる。ミノルはさっと距離を取る。シンはミノルよりも遅れてそうする。ミノルの運動神経はかなり良く、クラスの男子でもベスト3に入るだろう。ミノルの成績通知表では、体育と音楽だけがいちばん上の「5」だ。

うしろでシンがよろけて倒れたけれど、怪我はどこにもなかった。ミノルは「大丈夫?」とすぐに声をかける。シンは黙って起きあがって、「うん」と呟き、また歩きだす。

シンの部屋で『アルティメットクエスチョン5』を一緒に始めたのは良かったけれど、ミノルは一時間もしないうちに飽きてしまう。光や音の効果に規制が多くて、迫力を感じにくいのだ。シンはと言えば、飽きることなく夢中でのめりこんでいる。きのうは六人の友だちでやっていたけれど、じぶんだけ飽きてそわそわしてしまったことに疎外感を抱いた。きょうはふたりだけなので、まだそんなに心細い感じはしない。

「これ見ていい?」

そう言ってミノルは本棚のマンガを指さす。シンは「うん」と生返事で応える。

大量に並んでいるのは、『ダビげろん』という古い時代から国民的な人気を維持してきたユーモア漫画だ。未来の国からやってきたアライグマ型ロボットの「ダビげろん」が、能力が低くて、親や教師にはよく叱られ、クラスメイトからはいじめに遭いやすい主人公「矢場やば太」を未来のふしぎな道具で支えてくれるけれど、毎回たいていは残念な結果に終わってしまうという一話完結ものだ。

ミノルはこの『ダビげろん』がとても好きだった。主人公のやば太がじぶんによく似ていると感じ、感情移入してしまうのだ。アニメ版も小さい頃は好きだったけれど、いまでは子どもっぽく感じて観ていない。それでも家にはマンガの単行本「かぶと虫コミックス」版を七割くらい揃えている。

それにしても驚くべきはシンの本棚で、「かぶと虫コミックス」版、ずっと昔に絶版になって古本屋では価格が高騰している「MMランド」版、そして辞書のように分厚く何十冊もある「ダビげろん大全集」版が揃っている。ミノルが持っている「かぶと虫コミックス」版は、雑誌に掲載された話を精選したもので、「MMランド」版はまた別の精選版、そして大全集版は文字どおりすべての話を収録した完全な『ダビげろん』コレクションだ。ミノルはこの本棚を見るたびに圧倒される。

ミノルがどれだけ『ダビげろん』を好きだと言っても、シンのこの情熱にはついていけないものがある、とミノルは感じる。ミノルの本棚では、もっとも普及した全四五巻の

「かぶと虫コミックス」版ですら、歯抜けのようにしてあちこちの巻が欠けているのだ。そのような集め方の特徴はほかの本にも言えて、ミノルは小説のシリーズ作品にしても、じぶんがとくに気に入った巻だけを買っていく。シンの集め方は網羅的で徹底していて、シリーズものは完全に揃えないと気がすまない。そもそも蔵書の数だって、シンはミノルの何倍も多い。シンの本棚を観ていると、ミノルは宇宙を感じてしまいそうになる。じぶんの本棚は手入れされていない雑草だらけの草むらのようなものだけれど。

ミノルは大全集版の一冊を取って床に座り、読んだことのない『ダビげろん』の話を楽しむことにした。そのあいだ、シンは『アルティメットクエスチョン5』をずっと夢中でやっている。きのうこの部屋に来ていたクラスメイトの一部は、きょうはオンラインでシンのプレイと連携し、共闘している。シンはすっかりのめりこんでいて、ゲーム世界の時空を全身でこよなく体験できている。本の収集にしてもゲームにしても、さらには「探究」の時間でも、学校でやるほかの勉強にしても、シンはそのようにして夢中になれるものを見つけては、じぶんを没入させてしまう。ミノルは、そのようなシンが心底うらやましい。そしてほかのクラスメイトも、みんなそんな感じなのだ。ミノルにはそんなに夢中になれることはない。得意なスポーツにしても、好きな音楽の時間にしても、無我夢中になってのめりこむというほどではないのだ。

しばらくすると、シンの母親が部屋にやってきた。ミノルはさっと立ちあがって、ていねいに頭をさげて、「お邪魔しています」と挨拶する。シンの母親にとっては、ミノルのやり方は少し大袈裟に感じられるけれども、彼女は微笑みを浮かべて「ゆっくりしていってね」と優しく声をかける。ミノルは「ありがとうございます」と言って頭をさげて座る。

帰宅したミノルは、居間で大きな液晶テレビの電源を入れた。チャンネルを合わせると、画面には、成人した男たちが息を弾ませて走っていく様子が、上空からのドローン撮影で映しだされている。生中継なのに昼間だから、外国のどこかでやっているとわかる。煌々とした画面が、窓の外に見える夜の闇と濃密なコントラストを形成している。

ミノルはテレビ画面を眺めながら、じぶんもマラソンに挑戦してみようかなと考える。スポーツが得意なミノルだが、長距離走に向いているとはあまり思っていない。長い時間にわたって、手足の同じ動作を連続させるのは、飽きっぽいミノルには気疲れの溜め息が出そうになる運動形式だ。第一にバスケットボール、第二にバレーボールの選手になれるなら本望だけれど、学校の体育では、球技と言えば野球くらいで、好きなスポーツに関して話題を共有できるクラスメイトはいない。

スポーツの王者として扱われ、絶大な人気を誇るマラソンの選手になれれば、億万長者になったようなものだけれど、学校で開催される一〇キロメートルを走るミニマラソン大会で、ミノルの成績は上位と中位のあいだくらいだ。ミノルよりずっとマラソンが苦手な生徒はたくさんいるし、自由参加形式なので、そもそも参加しない生徒もたくさんいる。参加者の多くはマラソンが得意な生徒たちで、それを考えれば、まずまずの成績と言える。それでもミノルが最上位陣と争えるようになるには、かなりの努力をした上で、運に恵まれなければいけないだろう。マラソンの上位陣は、ちょうどシンがコンピューターゲーム、小説やマンガの収集、好きな勉強に懸けるのと同じような熱量で、トレーニングに励んでいる者たちばかりだ。彼らと張りあっていく自信が、ミノルには湧いてこない。

いまだって、マラソンの中継放送を観ているものの、それを何時間もじっと観つづけるのは、ミノルにとって苦痛だ。リモコンでチャンネルを替えてみる。夕方の時間帯で、アニメを放送している局が多い。アニメは朝も夕方も深夜もひっきりなしに放送されているけれど、ミノルはそんなに好みではない。観ていると、周囲のクラスメイトたちになんとなく溶けこめなくて、いつのまにかひとりぼっちになってしまっているような気がする、いつもの孤独感を思いだしてしまう。

いつもどおり、バラエティ番組をやっているBSのテレビ局を選ぶ。『宇宙の果てまで帰ってQ』だ。このタイプの番組はアニメとは正反対で、世間でもクラスでもほとんど人気がなく、いかにも衛星放送向けのマニアックな番組ではあるのだけれど、ミノルは好んでいる。登場してくる芸能人たちは、しゃべり方といい、身振り手振りといい、ミノルの身近にいる人たちとはずいぶん印象が異なっていて、不思議な親近感のようなものを抱く。こういうバラエティ番組について気軽に会話できる友だちがいたら良いなと思う。

母は先ほどから熱心に手芸に打ちこんでいる。何かと自作するのを好む、いわゆるＤＩＹマインドに富んだ人なのだ。料理はそんなに好まないけれど、その代わり週末にやる日曜大工はセミプロ級の腕前だ。平日には裁縫、編み物、刺繍などを好んでいる。いまはこれからの季節に備えて、家族のぶんのマフラーを編んでいるところだ。心地良さそうに笑顔を浮かべながら、両手をリズミカルに動かして、編みつづけている。

ミノルは母とふたりきりのとき、じっくり会話をしたいと思うこともあるけれど、彼女は趣味に没頭しているときがいちばん幸せだと知っているから、じぶんの都合で煩わせたりはしない。小さい頃は、なかなかその境地に行けずに、苦しんだ。ミノルは母からの愛情をたくさん得ようとして、よく泣いて母も父も困らせる子どもだったのだ。そのことを思いだすと、いまのミノルはなんだか照れてしまう。

きょうミノルがシンの家から帰ってきたとき、母はもう夕食を食べおわって、手芸に夢中になっていた。ミノルの母は、じぶんの欲求に対して心から正直な人なのだ。ミノルはテレビ画面から離れて台所に行き、作られていたカレーライスをじぶんでよそうことにした。炊飯器からほかほかの米飯をしゃもじですくって皿に載せ、鍋からあつあつのカレーをおたまですくって、ごはんの上にかける。居間に戻ってきて、皿をテーブルの上に置き、ミノルはあぐらをかいて座り、食べる。父は早くに帰宅して、母と食事をしてからどこかに出ていった。父は家でじっとしていると、ストレスを感じやすいようだ。ミノルはみんなで食べられたら楽しいのにと思っているけれど、父や母は無頓着だ。けっして家族仲が悪いというわけではない。それはミノルもわかっているから、不満を言わないように心がけている。

　しかし、あしたの放課後には学校で三者面談がある。それを母に言って、思いだしてもらう必要があった。

「あしたの三者面談のことだけどね」

　母は「うん？」と生返事をして、手芸を止めようとはしない。ミノルは話しつづける。

「朝のホームルームで、大事な話になるから、必ず来てほしいってタキザワ先生が言ってた」

　母は「そう。わかった」とまた生返事をする。

ほんとうに大丈夫だろうか。去年も担任はタキザワ先生だったのだけれど、あのときは母が在宅でやっているテレワークに熱中して、三者面談に来られなくなってしまったのだった。

そんな母だけれど、そしていまもミノルの発言に関心が薄そうに話しているけれど、じつは彼女には彼女なりにミノルに関して不安に思っていることがあった。ミノルの母はしばらく前から、インターネットで「発達障害」や「注意欠陥・多動性障害」という言葉をよく検索して、それがどのようなものかを調べるようになっていたのだ。なんでも買えると評判のオンライン書店で関連書籍も買っている。書籍を本棚に置くと、ミノルが読んで不安になる可能性もあるから、電子書籍を選んでいた。

つまり、ミノルから見ると自由気ままに見える母でも、本人は子どもの現状と将来を心配して、折に触れて情報を収集しているのだ。子どもの教育には気を遣ってきたつもりなのだけれど、小さい頃から、どうもミノルはほかの子どもとは違うのではないかと不安に感じる場面が多かった。しかも、一五歳という年齢は今後の進路にとって大きな分岐点になる年だから、母は母なりに、あしたの三者面談には緊張感を抱いていた。

ミノルは風呂に入って歯を磨くと、部屋に帰って、しばらくのあいだ宿題などをやっていた。解けない問題がいろいろとある。やがて宿題を諦めると、パジャマに着替えて、部屋の電気を消して、ベッドに寝転がる。ズボンを脱いで、性器を握って優しく揺すりはじめた。性欲は近頃、だいぶ高まっていたから、数日に一回程度オナニーをしている。それでもほかの男子の同級生たちよりも、かなり少ない頻度と言える。しばらくして射精をすると、ミノルは下腹部や内股についた精液をティッシュペーパーで拭って、ゴミ箱に捨てた。

翌日の朝、ミノルはなかなか起きだすことができなかった。夜のあいだに何度も悪夢のようなものの影がミノルの意識を横切って、しかもその夢がどんな内容かはちっとも記憶の網に引っかかってこない。ミノルは冷や汗をかいて覚醒と再入眠を繰りかえした。小さな子どもに戻ったように心細く、家族のない孤児になったかのように所在なく、ミノルはなんだか涙を流してしまいそうだった。

目覚まし時計が鳴っていたけれど、「もうしばらく、あと少し」と念じながら、意識がしっかり冴えてくるまで、ベッドに横たわったままで、固く眼をつむって、黙って待っていた。なかなか「これで充分だ、さあ起きだそう」という段階にならない。目覚まし時計をうるさく感じて止めた。うっかりまた寝入ってしまうことはなさそうだと判断したのだった。そうしてしばらく、意識が定まるのを待つ。

万全ではないけれど、ミノルは立ちあがった。どうしてこんなに調子が悪いのか、ミノルにはわからない。年齢的に、まだそんなに経験値が豊富というわけではなく、じぶんに起きていることの分析をうまく進められない。ミノルに起きているのは軽い鬱状態だった。ふだんの生活で、歯車が微妙に合わないことが多く起きていて、それがミノルの心と体の潤滑油を干上がらせているのだ。

体がふらふらするような気がするため、階段をゆっくり降りていき、トイレに入って排尿する。それから洗面所に行って、蛇口の栓をひねって水を出す。手を洗い、顔を洗い、歯ブラシに歯磨き粉をつけて、歯を磨く。歯はきちんと一本ずつ磨いていく。歯を磨いていると、じぶんがどんどん清潔になっていくと感じて、気持ちが良い。口をゆすいで、ミノルは何度も石鹸で顔を洗った。何度も水で洗いながされ、心も潤っていく。

台所に行くと、父と母がテーブルに座って朝食を食べていた。トースト、ゆで卵、サラダ、ホットコーヒーという簡素なものだ。ミノルは袋から食パンを取って、トースターに入れて焼き時間をセットする。鍋からゆで卵を取り、大皿からサラダを取りわけて、コーヒーポットで保温されていた熱いコーヒーをカップに注ぎ、シロップとミルクを加える。

コーヒーの香りに心がそよぐ。トーストが焼きあがると、バターを塗る。最高に香ばしい匂いが漂ってくる。テーブルに座って、食べはじめたとき、父と母はすでに食事を終えて、スマートフォンを操作しながら、画面に見入っていた。

ミノルはきょうの予定を頭のなかで整理していく。一時間めは数学、二時間めは探究、昼休みを挟んで、三時間めは理科、四時間めは音楽、五時間めは本来は国語だけれど、きょうは三者面談のために四時間めで終了する。ひとコマにつき九〇分という設定は、ミノルにはかなり長く感じられる。できれば六〇分、可能なら五〇分だったら良いのになと感じる。だいたいの科目では、五〇分を超えると集中力がなくなり、六〇分を超えると貧乏ゆすりをしたくなる。それをじっとこらえて、授業内容がますます頭に入ってこなくなる。

きょうは体育がないから、唯一の救いになる科目は音楽だ。ヴァイオリン、ピアノ、フルート、マンドリン、アコースティックギターなど、どれをやろうか悩んだ末に、ミノルは合唱を選んだ。以前から、まわりの人から「協調性がない」と言われることが何度かあったため、合唱を通じてクラスメイトたちと呼吸を合わせる練習ができるのではないかと期待したのだった。家を出る時間になったので、ミノルは立ちあがって、両親に「行ってきまーす」と声をかけた。

合唱の時間はとても楽しかった。ミノルが声をあげて、まわりの声が重なってくる。隣のクラスメイトが声をあげて、ミノルが声を重ねる。まるで大輪の花が、花びらを互いに重ねあわせながら、ゆっくりと開花の瞬間を楽しんでいるかのようなイメージだ。

自由選択で合唱を選んだのに、あまり向いていないんじゃないかなと感じるクラスメイトもいる。ショウヘイとリョウコがそうだ。ふたりとも、じぶんの声をほかの人たちにうまく寄りそわせることができず、スズキ先生からよく注意喚起されている。以前ショウヘイに、傷つけない言いまわしになるように気をつけながら、どうして合唱を選んだのかと訊いてみたことがあった。すると、ショウヘイは言った。

「楽器の演奏に自信がないんだよ」

ミノルはさらに尋ねた。

「音楽史は嫌だったの?」

楽器にも合唱にも苦手意識のあるクラスメイトは、音楽史を選んで、座学で音楽の歴史を学ぶという選択もできる。そうすると、歌う必要も楽器を奏でる必要もなく、授業をこなすことができるのだ。

「歴史には興味がなくてさ。それに歌がうまくなりたいって思って」

とショウヘイが言う。それを聞いてミノルは言う。

「ああ！　わかる。ぼくも歴史はなにがどうおもしろいのかわからなくて」

歴史を学んでいて、過去の出来事に関心を抱いたり、想像が掻きたてられたり、という経験がミノルには一度もない。歴史上の人物を物語風に叙述した本を何度も読んでみたけれど、じぶんに似ていると感じたり、憧れを覚えたりといった相手には、まったく出会わなかった。同級生には歴史マニアが何人もいて、社会科の授業で歴史が扱われていると、ほんとうにうれしそうにしている。声の弾み方から、それがミノルにも伝わってくる。不思議きわまる感受性だと思う。

合唱が終わって、ミノルはリエに「歌がうまいよね」と話しかけた。ミノルは合唱選択組で、男子ならじぶんが、女子ならリエがいちばんじょうずだと感じている。実際、スズキ先生から褒められることが多いのは、とくにじぶんたちふたりなのだ。

「そう？　わからない」

リエは答える。ほとんど無表情の顔つきだが、ミノルには魅力的に見える。じぶんとはぜんぜん違うと感じるだけに、かえって興味をそそられ、なんとか彼女のことを理解できたら良いなと思ってしまう。

「独唱のとき、いつも聴きいってしまうんだ。リエの声はものすごく透明感があって、音程の調整も絶妙で」

リエは涼しい顔をして、ミノルに眼を合わせようともしない。だからミノルはますます懸命にしゃべる。リエの横顔がきれいだとミノルは思う。ポニーテールの髪型もミノルの好みどおりだ。それでも、どれだけ話しかけてもリエの反応は薄い。ミノルはだんだん、じぶんが言葉に振りまわされ、言葉の海に溺れて窒息していくような気がする。

ミノルが女子生徒と話すときは、多くの場合、そんな感じになる。年頃のミノルには、クラスのなかに何人か気になる女子がいて、リエはそのひとりだ。でも彼女たちに話しかけても、相手がミノルに関心を寄せてくれることはない。彼女たちにとっては、ミノルはやたら距離が近すぎる気がする不安感を煽られてしまう男子生徒だ。もっと適切に距離を取ってくれないと安心できない。それに彼女たちにとって、ミノルはしゃべりすぎだと感じられるし、動きも多い。まるで別の星からやってきた、この星の人類とは異なる種類の生き物のような印象を与えるのだ。

だからミノルは諦めて、なるべく男子とだけ話すようにしている。男子生徒たちも、実際にはそんなにミノルと波長が合っているわけではない。ミノルなりにとっつきやすいと思う相手とそうではない相手がいるから、話し相手の選択には慎重になる。さいわいなことに、これまでの人生でいじめに遭った経験はない。それはミノルがふだんから必死に周囲に気を遣って、波風を立てないように注意しているからということが大きい。ミノルはじぶんが生まれつき持つ周囲に対する異物感を自覚していて、必死に仮想人格の演技をしながら生きているのだ。

ミノルがこうなったのは、友だち同士の関係で仲間外れになりそうだったり、教師たちに言動をたしなめられたりしたことを繰りかえしたからだ。「なんだかうるさい」「やたら構ってきて邪魔」「もっと静かに」「落ちつきなさい」――そんな非難の言葉をこれまでに何百回、何千回とかけられてきた。詳しく思いだそうとすると、頭のなかがぐちゃぐちゃに混乱しそうだから、必死に忘れようとしている。そうしていつからかミノルは、まわりの人たちの言動をそっとなぞるように動き、話す努力をするようになった。そうやっていると、ミノルはなんだかまわりにいる人々のそれぞれの人格を合計して、その人数で割ったような「平均的」な人間になってしまったような気がした。これで良いのかなと思うけれど、これをやめたらいじめられるのでは、厳しく叱責されるのではと不安で、その「なぞる」ような言動をやめられない。もっとも、「平均的」だと感じているのはミノルだけで、まわりから見ると、ミノルはいつも「浮いている」ような印象を与えるのだが。

帰宅すると、ミノルの母はすでに支度を終えて、微笑みながらミノルを待っていた。ミノルは母に笑顔を見せて、少しおやつを食べてから、また学校に行く用意をさっと整えた。ほんとうは学校で母を待っていても良かったのだけれど、大好きな母と一緒に学校に行くことに心が浮きたっていたのだ。

学校に向かう道ではとくに気にならなかったのに、教室の前について、廊下を行ったり来たりしていたミノルは、「あっ」と小さく叫んで、窓の外の光景に気がついた。夕暮れが始まって、空の端が赤くなりはじめたのだ。

「お母さん、ほら」

とミノルは促す。

スマートフォンを操作しながら廊下に置かれた椅子に座っていた母は、ミノルの声に反応して、窓の外を見る。夕暮れがじわじわと広がっているのを見て、母は眼を細める。

「帰る頃には、空が真っ赤になっているかもしれないね」

母のうれしそうなまなざしに満足して、ミノルは声を弾ませる。ミノルは母がうっとりしながら夕暮れを見ているときの顔つきがとても好きだ。それで夕方になると、じぶんでは興味がないのに、空を見上げては夕暮れの兆候があると、母に報告している。

しばらくすると母は、またスマートフォンの操作に注意を集中する。空はまだほんの一部しか染まっていないから、楽しみはミノルの言う「帰る頃」だろうと彼女は判断した。

オンライン百科事典で発達障害に関する項目を検索して、関連語に貼られたリンクをクリックしては、新しいページに飛んで、情報を収集する。担任のタキザワ先生とその話になることを予期しているのだ。しかしミノルは母のその思いに気づいていないし、もちろん母のスマートフォンの画面を覗きこんだりするような不躾なことはしない。

ミノルが、そろそろ順番かなと思ったところで、じぶんたちの前に面談を受けていたナナミとその父母が出てきた。三者面談は先週から始まっていて、毎日放課後に五名ずつ実施している。一家庭につき三〇分で、ミノルとその母は、ナナミとその父母に続いてきょうの二組めだ。

じつはナナミも、ミノルが気にしているクラスの女子のひとりだ。体育の時間にテニスを選択していて、ミノルとは何度も勝負していた。テニスを選択したクラスメイトは少ないから、ナナミと話す機会は何度もあったのだけれど、ナナミも音楽の時間のリエと同じくミノルにはそっけない。ほかの男子ととくに仲が良いというのではないのだけれど、ミノルの身のこなしや話し方にはせわしなさを感じてしまい、落ちつけない。話しかけてくるのは良いとしても、笑顔や気の利いた応答をいちいち求められている気がして、閉口する。とくにミノルがじぶんの瞳のなかをじっと見入ってくるのは嫌で、絶対にやめてもらいたいと思っているが、ミノル本人に指摘して傷つけてはいけない、と自制する気持ちと戦っている。

ナナミとその父母が去っていく後ろ姿を見ながら、うちも父さんに来てもらったほうが良かったのにな、とミノルは思った。ミノルの父が子育てに特別に冷淡ということはない。体育祭やマラソン大会など、じぶんに興味があるスポーツ関係の内容だと、父はむしろ熱心に学校に来たがる。文化祭など、そんなに関心をそそられない内容でも来てくれることはある。今回の三者面談については、父はとくに好むのでも好まないのでもなかった。ただ、会社の仕事でいま重要なプロジェクトがあって、きょうはどうしても出社しなければならないと言うのだった。逆に母はテレワークばかりしていて、疲れているけれど、息抜きの意味も含めて三者面談に出るのは歓迎すべきことだった。父と母の事情が少し異なっていれば、父が来て母が家に残る、あるいは父も母も揃って来るということにもなっていた。

「それではマナベくんとそのお母さん、お入りください」

タキザワ先生が教室の出入り口に姿を現して、ミノルたちをなかに誘った。母が立ちあがって、ミノルについて入る。タキザワ先生が書類を広げた机に着席し、ミノルたちがその前にある机の椅子に腰かける。

「マナベくんのお母さん、ようこそいらっしゃいました」

タキザワ先生が書類をめくりながら、発言する。ミノルの心臓が少しドクンドクンと鼓動を強める。窓の外では、夕暮れが広がっているけれど、まだ真っ赤にはなっていない。

タキザワ先生の話は、体育と音楽から始まった。ミノルの成績が、このふたつの科目では何年もずっと安定していることが話題になって、ミノルは心地よく聞いていた。

「しかしですね」

タキザワ先生が逆接の接続詞を口にしたので、ミノルは緊張する。

「ほかの科目が、やはり気になります」

ミノルの母も緊張する。タキザワ先生が続ける。

「さっき優れていると指摘したふたつの科目以外は、どれも良くない。とくに国語が悪いですね。僕はこの科目の担当でもあるから思うのですが、マナベくんの答案を見ていると、読解力に根本的な問題があるような気がします」

ミノルの母が「読解力ですか」と呟く。ミノルは「根本的な」という表現に、この先生にいつも感じている苦手意識を感じて、溜め息を吐きそうになる。タキザワ先生がミノルにもその母にも眼を合わさないで言う。

「はい、なんというか、そこにマナベくんの学力の特徴の基礎的原因があるように感じるのです。しばらく前に流行した言い方で言うと『空気が読めない』ところがあるというか。

文学作品の解釈がとりわけ独特で、それも個性と言えば、個性かもしれないのですが。論説文やエッセイにしても、書き手の心がうまく読みとれていないような気がするのです。お母さんとしては、何かお気づきになったことはありませんか」

ミノルはやはり、タキザワ先生の話し方が苦手だと感じる。あまりにもズバズバと言いすぎていて、言葉が四方八方から全身に刺さってくるような感じがある。ミノルの母は答える。

「そうですね。小さい頃から、なんとなく周囲の子たちから浮いているところはありましたね。遊んでいても、まわりの子の邪魔をしたりとか。そんなことを注意されたことはあります。でも、本人も気にしていて、私もよく『じぶんのことに集中なさい』ってたしなめてきましたし、この子なりにすごく努力をしてきたと思うんです」

タキザワ先生は眼をつむって、言葉を選びながら話す。

「そうですね。マナベくんが努力家だということは私も認めます。まわりの人たちとギクシャクしないように、かなり気を遣っているのではないかとも思うんです。でも、もしかすると、それでクラスメイトたちはかえって窮屈に感じている面もあるかもしれない。人間関係に気を遣いすぎているというか。自然なかたちで、まわりと折りあっていけない」

ミノルの母は「発達障害」という言葉を口にして、わが子がそうなのかどうか担任教師に尋ねるべきか思案するが、ミノルを不用意に傷つけてはいけないと判断し、その言葉を心のなかに抑えこんでいる。

　タキザワ先生は続ける。ちらっと母のほうを見る。

「それから、じつは集中力も気になるんです。探究の時間を担当しているイズミ先生から聞いたのですが、どうもほかのクラスメイトたちの聞き役になっていることが多くて、じぶんで選んだ課題に集中できていないと。好きなスポーツや楽器の本を読んでいても、短時間で興味がなくなって心がふわふわしてしまう。かといって、そんなにいろんなことに興味が湧くわけでもなく、心ここにあらずとなってしまう。ずっとこうだと、将来の職業選択にも影響してくると思います」

　ミノルの母は、じぶんが不安に思っていたことを言いあてられたような気がした。ミノルの集中力が弱いことは、これまでの担任たちにもよく指摘されていたし、じぶんでもそう感じることが多く、わが子の将来のことが不安になるのだった。

「そのように先生は思うんだけど、どうだろうか」

　タキザワ先生がふたたびミノルに視線を転じながら、提案する。ミノルはタキザワ先生の眼を見て、息を呑んで続きの言葉を待つ。タキザワ先生は苦しそうに口元を歪ませていたが、やがて中空を見上げながら言う。

「一度、学校が推薦しているクリニックで、医学的な検査を受けてみてはどうだろうか。いろんな能力や特性を測定して、数値化してくれる。それで、何か解決方法が見つかるかもしれない。マナベくんとお母さんやお父さんが望まないなら無理には勧めないけれど、でも早いうちにそうしたほうが、マナベくんも楽になるんじゃないかなと思います」

母は、タキザワ先生はやはり発達障害のことを念頭に置いて話しているんだなと感じる。それはまったくそのとおり、かなり直接的な話し方をするタキザワ先生だけれど、教え子をたいせつに思っていることにかけては、ほかの先生たちに比べても遜色ない。

ミノルは病院という言葉で、白くて明るい部屋の雰囲気と、それと裏腹にイメージされる黒くて暗い不安な印象を同時に想起していた。窓の外では、夕焼けが進んでいた。これから帰るけれど、母親は喜んでくれるだろうかと気になる。

家に帰ったミノルとその母は、夕ご飯を食べた。昨日の夜に母が作ったカレーライスだ。ミノルの母はおいしそうに食べていたけれど、ミノルは少しだけカレーライスをよそって、あとは冷蔵庫から出してきた桃と梨を食べることにした。自室で仕事に励んでいる父に声をかけると、しばらくして一段落したらカレーライスを食べると答える。

ミノルは浴室に入って、シャワーを浴びる。水圧を強くすると、お湯が体の表面でパチパチ踊って跳ねる。昔からミノルはこうやって体を刺激するのが好きだった。あまりに水圧を強くして浴びるから、林間学校でクラスメイトたちと一緒に大浴場を使ったときに、びっくりされたことがある。みんな「そんなにしたら痛い」と言っていたけれど、ミノルにはへっちゃらだ。同じように「平気」と豪語するハルトと水をかけあって、ほかのクラスメイトから顰蹙を買い、風呂から出たあとに告げ口されて、担任の先生からハルトと一緒に叱られた。浴槽に浸かりながら、数年前のそれを思いだして、叱られてばかりのじぶんの人生に溜め息が出そうになる。

風呂からあがったら、歯磨きだ。夜に寝ているあいだに虫歯菌が活性化すると聞いたことがあるから、朝よりもさらに入念に磨く。一本ずつ表も裏も噛みあわせの面も磨く。ほんとうに気持ちが良い。クラスにはときどき、歯磨きが不得意な生徒がいるけれど、ミノルにはよくわからない。作業は容易なものだし、動機づけもしやすい。ミノルは眼をつむって、三分のあいだしっかり磨く。ブラッシングによって歯茎が鍛えられているから、出血することはない。

風呂からあがって着用したパジャマは、じつはもともと母が着ていたものだ。きれいなオレンジ色をしていて、この色を好む母はつい買ってしまったのだが、安いだけあって、着てみると材質が粗悪でストレスが大きいのだった。「捨てるしかないね」とがっかりしながら朝食のときに母が語っているのを聞いたミノルは、「ぼくが着るよ」と提案したのだった。デザインはジェンダーニュートラルなものだから、ミノルが着ても違和感はまったくない。母にも似合っていたけれど、ミノルにも似合っている。ミノルはどうも五感などが鈍い傾向があって、それは触覚に関してもそうなのだった。母は「チクチクする」と言っていたが、ミノルはなんとも感じない。ミノルは、「ぼくはキツネザルみたいなものなんだな」と思っている。外見がサルを思わせるわけではない。しかし、周囲がネコなどの繊細な小動物だとしたら、じぶんはサルみたいに粗雑だと思うのだ。キツネザルがほんとうに鈍感な動物なのかどうか、ミノルはちゃんと知っていないけれど。

ミノルは電気を消して、ベッドに横たわって、眼をつむった。最近はなんとなく不安に感じることが多くて、前ほどすっきりと寝入ることができない。ミノルは森のなかでキツネザルたちが楽しそうに戯れている様子を思いうかべた。じぶんと同じような人がたくさんいる世界があったら、ほんとうに素敵だろうな、とミノルは考える。いろいろ考えなくても、自然に振るまっているだけで、まわりとも円滑な人間関係を築ける世界だ。ミノルは「ぼくがもっと繊細になったら良いのかな」と考えこみそうになる。そんなことを考えだしたら眠れなくなるから、考えないけれど。しかし読者のみなさん、ミノルはほんとうに「鈍感なキツネザル」なのでしょうか。みなさんはどう思いますか。

解説①

はじめまして。

この物語を「解説」させていただくことになった村中直人と申します。私は臨床心理士で、普段は「ニューロダイバーシティ（脳・神経の多様性）」というキーワードでの発信やコンサルティング活動をしたり、発達障害とカテゴライズされることの多い、ニューロマイノリティ（神経学的少数派）な人たちの支援者の養成の取り組みをしたりしています。

著者である横道誠さんと私は普段から交流があり、いつもはマコトさんと呼んでいますので、この解説の中でも著者のことはマコトさんと書かせてもらいます。マコトさんから「本の企画に協力してほしい」と言われたときは驚きましたが、規格外のことが大好きなマコトさんらしい企画だなと思い協力させていただくことにしました。最初は本の監修のご依頼だったのですが、あれよあれよという間にこうやって解説文を書くことになりました。結果的にこの本は、マコトさんの頭の中から生まれた「物語パート」と、私が私なりの視点で物語を読み解く「解説パート」を交互に読んでいただく珍しいスタイルの本になりました。いつのまにやら私の責任重大です。ですがこの新しい取り組みを通じて、読者のみなさんに今までにない気づきや学び、なによりおもしろさをお届けできるのではないかと思っております。

さて、みなさんはこの不思議な物語の第一章を読まれて、どんな感想を持たれましたでしょうか？　どこにでもいる少年を描いていているようでいて、至る所に小さな不思議や違和感を覚える、そんな体験なのかもしれません。私自身もなんとも表現しがたい、ザラザラとした「摩擦熱」のようなものを感じながら物語を読みました。

マコトさんについて

ここからは、少しずつこの物語を読み解いていきましょう。

まずは、この物語の生みの親、マコトさんを知るところから始めましょう。この本の読者のみなさんはマコトさんのことをある程度知っておられる方も多いと思います。ですがこの本を読み解く上で大事な情報ですので、最初に私から説明させてもらいますね。

マコトさんはドイツ文学の研究者で大学の准教授です。ドイツ語以外にも多くの言語に精通する語学の達人であり、とんでもないスピードで本や論文を量産する多筆の人でもあります。ですがやはり横道誠の名を世に知らしめたのは、「発達障害当事者」としての数々の著作、発信でしょう。私がマコトさんと知り合ったのは、マコトさんの最初の単著『みんな水の中』（医学書院）が出版される直前でした。私が主宰する

「自閉文化を語る会」に参加者として来てくれたのが最初の出会いです。

マコトさんは私と出会う二年前、四〇歳のときに発達障害の一種である自閉症スペクトラム障害(ASD)と注意欠陥・多動性障害(ADHD)の診断を受けておられます。きっかけは極度の鬱状態だそうです。四〇歳のときに初めて鬱状態になったのではありません。二九歳と当時のドイツ文学者としては異例の若さで常勤の大学教員になってすぐに調子を崩し、アルコールによって鬱状態を誤魔化す日々が長らく続きました。発達障害の診断は、約一〇年ものあいだ、何度も鬱状態を繰り返した末の出来事だったのです。診断を受けて「これこそ自分だ!」と感動したそうで、マコトさんの四〇年に及ぶ「自分探し」の旅が終わりました。

そこからマコトさんはとんでもないスピードで動き出します。依存症専門のクリニックに通うことで「自助グループ」を体験し、そこから急速に自助グループにのめり込んだのです。既存の自助グループに参加することだけでは満足せず、自ら次々と自助グループの運営を始めました。オンライン自助グループを八つ、地域(京都)自助グループを二つというのですから、その活動量には目を見張ります。活動のテーマも幅広く、「発達障害当事者研究」「アダルトチルドレン」「宗教2世」「LGBTQ」「オープンダイアローグ」などなど、多種多様です。ちなみに、安倍元総理の銃撃事件をきっかけに宗教2世問題が注目されるようになってからは、宗教2世当事者としても各種メディアに引っ張りだこでしたので、マコトさんを「宗教2世の人」として認識している人も少なくないかもしれません。そういった自助グループ活動に並行して、先に紹介した『みんな水の中』の刊行以来、たった三年弱で単著一二冊（うち一冊は『みんな水の中』韓国語版）、編著三冊、共著一冊、分担執筆六冊、論文一五本を世に送り出した、とんでもない人です。

さて、この物語はそんなマコトさんの頭の中から生まれています。だから、マコトさんの経歴が物語に影響していないわけはありません。そして、物語の中でミノルの母が悩んでいること。物語とマコトさんの経験の両方に共通するキーワードは、「発達障害」で間違いないでしょう。

発達障害とはなにか

ここからは、この「発達障害」という言葉について考えていきます。発達障害の中でももっとも有名であり、この物語とも縁が深いであろう「自閉症スペクトラム障害」と「ＡＤＨＤ（注意欠陥・多動性障害）」の二つについて、ここではとりあげます。この本の読者のみなさんならば「発達障害については充分に知っているよ」と思われる方もおられるかもしれません。ですがこの言葉、まだまだ誤解されていることや、理解の乏しいことも多いのが現状です。この物語をより深く堪能するための前提知識として、整理させていただければと思います。

まずは「自閉症スペクトラム障害」から。

世界でもっともよく使われる精神医学上の診断基準（ＤＳＭ-５）には、基準として以下の五つが書かれています。[1]

①複数の状況で社会的コミュニケーションおよび対人的相互反応における持続的欠陥があること

②行動、興味、または活動の限定された反復的な様式が二つ以上あること（情動的、反復的な身体の運動や会話、固執やこだわり、極めて限定され執着する興味、感覚刺激に対する過敏さまたは鈍感さなど）

③発達早期から①②の症状が存在していること

④発達に応じた対人関係や学業的・職業的な機能が障害されていること

⑤これらの障害が、知的能力障害や全般性発達遅延ではうまく説明されないこと

ここに書かれていることをざっとまとめると、人との関わりやコミュニケーションにおいて、一時的ではない永続的な「能力の欠如」があり、興味や活動の幅が狭くて同じことを繰り返したり強くこだわったりすること。そして、感覚の過敏さや鈍感さがある場合もある。こんな感じにまとめることができるでしょう。

次に、ＡＤＨＤもまとめます。

精神医学上のＡＤＨＤの症状は「不注意」「多動性」「衝動性」の三つとされています。不注意や多動は幼い子どもに一般的に見られる行動特徴ですので、こういった特徴が「年齢にふつりあい」な形で長期に見られる場合にＡＤＨＤと診断がつくことになります。

さて、ここまでの話を読まれて発達障害というカテゴリーの最大の特徴にお気づきでしょうか？　ここで述べられている「診断基準」には、原因やメカニズムが書かれていません。つまり「なぜそうなるのか」や「背景にどんなメカニズムがあるのか」ではなく、結果として起こっている「よくある困難」や「（本人もしくは周囲の人にとっての）問題」が列挙される形で診断カテゴリーが作られているのです。そして基本的にこのカテゴリーは、対象となる人たちが「劣った存在」「機能不全のある状態」であることを前提として考えられています。そしてその背景には「何らかの脳の機能障害」があることが、発達障害が「障害」だとされる根拠になっています。ただし現状では、脳のどこにどんな違いがあることで「発達障害」となるのかについて明確な基準はありません。脳や神経の違いに由来することは明確でも、どの部位のどんな機能の「障害」や「不全」が原因であるかははっきりしていないのです。そのため、「脳の検査」によって診断されているわけではありません。例えば、脳波や脳画像検査（fMRIなど）といった脳のデータで発達障害が診断できるわけではないのです（診断時の参考情報として用いることはありえるかと思います）。

ミノルは発達障害なのか

発達障害の全体を整理したところで、物語の主人公であるミノルについて考えたいと思います。

ミノルの母親はミノルが発達障害、その中でも特にADHDではないかと心配しているようです。まずは物語の記述からミノルがADHDである可能性について考えてみましょう。

〈ページをめくる手は止まってしまって、まわりをきょろきょろと眺めてしまう〉

〈ミノルは視線の動きにしても、どことなくせわしなく、さまざまな音や色や形に反応して、注意があちらこちらへと向く〉

〈「なんだかうるさい」「やたら構ってきて邪魔」「もっと静かに」「落ちつきなさい」――そんな非難の言葉をこれまでに何百回、何千回とかけられてきた〉

こういった行動特徴はいかにも「不注意・多動・衝動性」が主たる症状とされるADHDを連想させるものでしょう。

〈じつは集中力も気になるんです。（中略）じぶんで選んだ課題に集中できていない〉

学校の先生もミノルの集中力のなさを気にしているようです。課題に集中して取り組むことができないというのは不注意傾向の典型的な特徴の一つとされています。母親が心配していることから、こういった行動の特徴は幼いころから見られたようです。

これらのことから、ミノルがＡＤＨＤの診断基準を満たす可能性は否定できないようにも思えます。

そしてお気づきでしょうか？　この物語にはＡＤＨＤだけではなく、自閉症スペクトラム障害の特徴を感じさせるような記述も随所にちりばめられています。

〈ミノルはいつだって、音となって届けられるクラスメイトの語りの熱量に圧倒されてしまう。聴覚が過敏なのだ〉

この記述は、自閉症の特徴の一つである感覚過敏、その中でも特に聴覚の過敏性を感じさせる記述です。ミノルの聴覚は刺激に対して反応しすぎる傾向があるのかもしれません。

〈彼女たちにとっては、ミノルはやたら距離が近すぎる気がする、不安感を煽られてしまう男子生徒だ。もっと適切に距離を取ってくれないと安心できない〉

自閉症スペクトラム障害は「社会性の障害」とも呼ばれています。その特徴の一つに、こういった異性との間の「不適切な距離感」についても少なからず指摘がありま す。異性に興味を持ち始める年齢になったときに、距離が近すぎたりやりとりが直接的すぎたりすることで相手から敬遠されたり、嫌われてしまったりすることがあるのです。ミノルはそういった「社会性の障害」を持ち合わせているのでしょうか。

〈しばらく前に流行した言い方で言うと「空気が読めない」ところがあるというか。文学作品の解釈がとりわけ独特で、それも個性と言えば、個性かもしれないのですが。論説文やエッセイにしても、書き手の心がうまく読みとれていないような気がするのです〉

「空気が読めない」、これは自閉スペクトラムの子どもたち、大人たちが何度となく繰り返し言われる典型的な言葉です。また、文章や会話の内容について、周囲が驚くようなユニークな解釈をすることも、自閉スペクトラムの子どもたちにおいてはよく知られた特徴と言えるでしょう。

これらの情報を総合的に判断すると、ミノルが自閉症スペクトラム障害の診断基準を満たす可能性もまた、否定できないと感じる勘のよい読者もおられるかもしれません。ですが、物語の中では「自閉症」や「自閉スペクトラム」という言葉が一度も出てきていません。わかる人にだけわかるように、それとなくそういった記述を含ませているのだとすると、自閉スペクトラム当事者であるマコトさんが周到に織り込んだ伏線なのかもしれません。もしそうだとすると、この伏せられた部分が物語の鍵となっていくのでしょう。

ここからは、そういった点にも注目しながら物語を読み進めていただければと思います。

注

1　American Psychiatric Association 編／日本精神神経学会日本語版用語監修／髙橋三郎・大野裕監訳（2014）『ＤＳＭ-５　精神疾患の診断・統計マニュアル』医学書院。

三者面談から帰ってきてすぐに、ミノルの母親はタキザワ先生から教えられた、学校が推薦している児童精神科のクリニックに初診の予約を入れた。予約は二週間後の週末に取ることができた。就寝前に、両親は時間を見つけて息子のことを話しあった。母親は発達障害について調べたことを夫と共有して、夫からの基本的な質問に答えた。父親にとっては子どもが「発達障害」というのは――この言葉自体を聞いたこともほとんどなかった――意外なことだったけれど、母親が語る「注意欠陥・多動性障害」の症状を聞いていると、昔からの知り合いや友人に思いあたる人がいくらでもいると思った。ミノルがそんなにそそっかしいという印象を持ったことはないけれど、ミノルを観察した人が「ちょっと変わったお子さんですね」と指摘するのに出くわした経験は、父親にもあったから、「そういうことなのか」と漠然と考えた。

ミノルの母親から「合理的配慮」や「環境調整」という言葉を知った父親は、翌日出社して、職場の人事課の同僚に「きょうちょっと飲みに行けない？」と誘いをかけた。ふたりは同期として入社して、最初の研修のときに、どちらもソロキャンプが趣味ということで、親しくなったのだった。夜になると、この中規模の街の暗闇を抜けて、ふたりは古めかしい居酒屋に出かけた。ともに生ビールを注文して、料理を選んだあとに、しばらくは最近の仕事の状況について話に花を咲かせた。飲み物が来て乾杯をし、料理が届きだすと、タイミングを見計らっていたミノルの父親はしゃべった。

「なあ、うちの会社にも合理的配慮ってあるんだろうか」

同僚は泡の白い王冠をかむったような金色の生ビールをうまそうにぐいっと一飲みしてから、答える。

「ちゃんとあるよ。何か思いあたる社員がいるのかい」

父親はしばらく黙って、どのように言おうか考えあぐねる。眼の前に置かれたサンマの身をほぐし、内臓をきれいに選りわけ、赤い糸クズのような寄生虫を皿の端に寄せていく。そして内臓をうまそうに食べて、ビールをぐいっと飲み、答える。

「じつは、うちの息子が発達障害かもって、担任の先生や妻が心配しているようなんだよね。オレにはまだよくわからないんだけど」

同僚は父親の様子を見ながら、呆れたように言う。

「内臓が好きなのか。良かったらオレのをやるよ。キャンプをやって、魚を釣るのも食べるのも好きだが、内臓はとてもむりだ」

父親は笑って同僚の眼を見つめて言う。

「ははは、そうか。じゃあいただこうかな。珍味で素晴らしいんだけど。食べる人は少ないね」

同僚はサンマの載った皿をミノルの父親の近くに寄せる。父親はテーブルの端にある箸立ての新しい割り箸を使って、同僚のサンマから内臓あたりをさっと取りだして、じぶんの皿に移す。それをじっと見ながら同僚は語る。

「発達障害にはいろいろ種類があって、一〇年とか二〇年とかで診断名や診断基準がガラッと変わったりするんだ。息子さんの発達障害は、どの種類のやつかもって、何かわかる？」

父親は皿を同僚に返して、内臓をうれしそうに箸でつまんで口に入れ、生ビールを幸せそうに飲んで、答える。

「妻は注意欠陥・多動性障害って言ってたかな。まだ確定診断が出てるわけではないんだけど」

相手は眼をつむって言う。

「なるほど、発達障害でいちばん診断されるやつだね。そうか。もし良かったら、合理的配慮を受けている社員が集まっている部署を見学してみる？　あしたにでも案内できるけど」

父親はまた生ビールをぐいっと飲んで、安心したように溜め息を吐きだす。

「そうか、ありがたい。ではあした見学させてもらえるかな。ノルマを早めに終えて、きみのところに行くよ」

ミノルの父親がじっと見つめてくるので、同僚はなんとなく気まずく感じて、眼をそらしながら答える。

「じゃあ、待っているから」


翌日、注意欠陥・多動性障害のある社員が集まって働いている部署を案内してもらったミノルの父親は、正直に言えば、愕然とせざるをえなかった。彼らは割りあてられた仕事を、おそろしいくらいの速さでせかせかとこなしていき、そうかと思うと、唐突に虚脱状態に入って、ぐったりとしている。話し方もまくしたてるようだったり、逆にまのびしているようだったりで、いかにも異様な印象を与える。文字どおりの「精神障害者」という感じだ。ミノルの父親自身も、まわりから「ちょっと変わってる」と指摘されることがあるけれど、彼らとは程度がまったく異なっていると思う。

かんたんに疲労回復できるようにと右隣の部屋にはシャワールームが、左隣には仮眠室が設置されていて、ミノルの父親はそちらも見学した。このような福利厚生施設は一般社員が働いている区域にもあるけれど、もっと豪華な印象を与える。シャワールームの出入り口まで入ってみると、内装がじぶんたちのものよりも重厚で、誰かが水浴びをしながら鼻歌を歌っているらしい様子がうかがえる。仮眠室に入ってみると、じぶんたちの部屋ではハンモックがいくつか吊るされているだけなのに、ここではどっしりとしたベッドで休憩することができるようだ。寝転がって眼を閉じ、じっとしているだけでも気持ちよさそうだと思う。

「いやはやなんとも」とミノルの父親は独り言を言った。ミノルも将来はこういう環境で働くことになるのだろうか。こんなしっかりした部屋を使わせてもらえること自体は良いけれど、やはり給料は一般社員よりも低く、発達障害のない「標準発達者」の社員に比べて六割くらいだという。障害年金もあるから、バランスを取れているのかもしれないのだが。

それでも、父親にはどうしてもピンとこないところがある。発達障害者として合理的配慮を受けている社員たちが、身のこなしを見ても、話し方を聞いていても、ミノルの将来の成長した姿とはうまく重なってこないのだ。これはどのように考えれば良いのだろうか。

それから何日かが経ったが、ミノルの父親はあの社内の光景といぶかしい気持ちを何度か思いかえすことになった。ミノルの言動をよく注意して観察したものの、やはりこの子が「発達障害持ち」とは思えなかった。少なくとも注意欠陥・多動性障害とは異なるのではないだろうか、と思えてならないのだ。父親は悶々とし、妻にその疑問をぶつけてみた夜もあるのだが、妻にしても、つまりミノルの母親にしても、インターネットや書籍で得た知識ではそれほど頼りにできなかった。彼女は、動画投稿サイトで「注意欠陥・多動性障害系配信者」たちの動画もいくつか見たのだけれど、やはりミノルに似ているとは感じられなかった。

児童精神科のクリニックでの初診の予約を取ることができた週末に、ミノルをそこに連れて行ったのは父親だった。ミノルはじぶんに「異常」らしきものがあるから病院に行くのだと勘づいていて、行きも帰りも、クリニックの待合室でも言葉少なだった。医者からの生育歴に関する質問に父子で協力して回答した。母子手帳や、学校入学時点からの成績通知表も見たいと主治医に求められたため、父親はのちほど現物を持参すると答えた。これは数日後、母親が病院に届けに行った。

知能検査には、道具を使ったパズルのようなものも、言葉で答えるクイズみたいなものもあった。ミノルは難しいと感じる問題も、易しいと感じる問題もていねいに解いていった。なかには、「○○の状況であなたはどういう行動を取るか」と問いかける問題もあり、チンパンジーが知能検査をされているようで、なんだか馬鹿にされた気分になったけれど、ミノルは誠実に解きつづけた。

初診には結局、三時間もかかった。帰り道でミノルの父親は、ミノルと一緒に喫茶店に入った。ミノルが好物にしているチョコレートパフェを食べさせてやろうと思ったのだ。父親は甘いものが苦手なので、ブラックコーヒーを飲んでいた。ミノルは父親とふたりで過ごせる時間を喜んだ。心がぐったりと疲れたミノルは、少しずつパフェを食べていく。

ミノルの父親は、ミノルが問題を解いているときから、いま夢中になって取りくんでいる仕事に関連する書類をタブレットで読みつづけていたが、なかなか集中できずにヤキモキした。いまは父親は、疲れて両眼を閉じている。ミノルは父親に言った。

「ねえ、父さん」

疲れきった父親の耳に、その言葉が届かなかった。そこでミノルは父親の肩にそっと触りながら、また言った。

「寝てるの？」

父親はミノルの声に気づいて、顔をあげる。ミノルは言う。

「ぼく、特別支援学級に入るの？」

単刀直入な質問に、ミノルの父親は眉をしかめる。少し悩んだが、彼は答えた。

「そうだな。検査の結果次第で、そのほうが良いという話になるかもしれない。でもミノルの意思も尊重しながら決めることになるよ」

ミノルは父親の眼を見ながら言った。

「ふうん、そうなんだ」

親子の両眼と両眼が、優しく絡みあった。


一二月になり、「相互交流行事」の日が近づいてきていた。相互交流行事とは、ふだんは分かれて教育を受けている通常学級と特別支援学級の生徒たちが、年度ごとに設定された行事を共同でこなすことで、交流の機会を持つというものだ。通常学級と特別支援学級の生徒の比率は、およそ三〇対一だ。つまり全校生徒の三〇人にひとり程度が、特別な支援を必要とする子どもということになる。

「ああ、ギョージは嫌だなあ」

そんなことをソウタが口にした。ミノルは思わず眉をしかめそうになった。「ギョージ」は「相互交流行事」の略語だが、通常学級では、侮蔑的なニュアンスを伴うその言い方で、生徒たちの話題にのぼることもあった。ソウタはさらに続けて言う。それはミノルが予想できたとおりの発言だ。

「トクシのやつら、マジでＫＹだもん。相手するの、めちゃダルい」

「トクシ」はもちろん、特別支援学級を指している。「ＫＹ」とは「空気が読めない」の略語で、発達障害者に対する揶揄的な表現として、通常学級の生徒たちのあいだで多用されているものだ。ミノルはいたたまれなくて、ついソウタをたしなめるような発言をする。

「あんまりそんなこと言うの、良くないよ。トクシの子たちだって、わざとじゃないんだから」

ミノルにはまったく悪意がないが、まわりにあわせて「トクシ」や「ギョージ」という言葉は使っている。ただし、ミノルは稀に見るほど優しい少年だから、その言い方に揶揄するような響きが混ざりこまないように、いつも慎重にひそかに敬意を込めて発音している。

ソウタは無言になってミノルを見る。気まずい雰囲気を感じながら、ミノルはやはり言わなければ良かったかと後悔する。ソウタは顔を歪めて、しばらくしてミノルに言う。

「同情したくなる気持ち、わかるよ。おまえもちょっとだけKYなところあるもんな」

ミノルはなるべく無表情でいようと、平静なふりをしようと努めた。やはりそれを言われるのか、と予想どおりの発言に衝撃はなかったけれど、つらくないと言えば嘘になる。ミノルは、この反撃をはじめから充分に予想していた上で、それでもあえてソウタをたしなめた。そして、軽く非難されながらもミノルは、ソウタが「おまえも『ちょっと』『だけ』ＫＹ」と表現を二重にやわらげたことに敏感に気づいていた。彼はミノルに反撃しながらも、いたわりを示すことも忘れていないのだ。

休み時間が終わって、「探究」の時間になる。ミノルは、さきほどのちょっとした言い争いのことが頭に残っているために、きょうは聞き役もうまく務められないのではと不安だ。しばらくはいつものように聞き役として「モテ」たけれど、ミノルはいまの気分ではうまく受け応えをすることができなかった。それで、やがて誰からも話しかけられなくなっていく。ミノルは眼をつむって、そっと安堵の溜め息を吐いた。

この学校の特別支援学級には、現在一学級につき八人ほどの生徒が在籍している。注意欠陥・多動性障害や知的障害、それから広汎性発達障害と呼ばれる雑多な発達障害の特性を持った児童が、集められている。学年によっては、稀に統合失調症、パーソナリティ障害、不安神経症、強迫神経症などと診断された生徒もいる。支援学級に通う知的障害の生徒たちは軽度知的障害と診断された子どもが多く、中度や重度の知的障害児は通常学校に通わずに、特別支援学校に通っている。視覚障害の子どもたちや、聴覚障害の子どもたち、脳性麻痺など身体障害の子どもたちは通常学級に通って、バリアフリーの環境を設定してもらって、通常の授業を受けることになっている。

特別支援教育でよく口にされるのは、「生徒のひとりひとりが生きている体験世界をたいせつにする」という方針だ。もちろん、実際にはこれは通常学級の子どもたちにもはじめから配慮されていることで、「健常児」たちもひとりひとりの個性が尊重されるのは当然ではあるのだけれど、知的障害や発達障害があると、その生徒は「正常ではない」とか「劣っている」などと価値づけられる場面が発生しがちだ。それで教育者や支援者は、正常か異常かを基準にし、素朴な物差しで優劣を判断することを慎むために、「ひとりひとりの体験世界」という原則を口にしやすくなる。それぞれの体験世界が重んじられ、環境が調整されれば、社会で力を発揮する人材が増えるということで、結局は社会の生産性の強化をもたらす。その考え方が、だいぶ普及してきたのだ。

とはいえ、学校教育の現場で差別のたぐいが完全に姿を消したというわけではない。ひとりひとりの個性は尊重されていても、少数派に属していると、多数派から違和感を持たれやすく、いじめのような出来事が発生することは珍しくない。それをなんとかしようと、学校では教師たちがいじめ撲滅に尽力している。

特別支援学級に所属する生徒たちのうち、もっとも割合が大きいのは、注意欠陥・多動性障害を診断された子どもたちだ。この障害があると、ほかの大多数の子どもたち――「標準発達児」と呼ばれる――と異なって、注意力が拡散する傾向にあり、多弁になったり多動になったりする。頭のなかにつねに複数の思考が走り、いつも世界がざわわしして感じられる。作業に負荷がかかり、能率が低下することが多いけれど、その特性上、創発力に優れる児童もいて、研究者や支援職のあいだで注目されている。

クリニックでの検査結果を待つ日々を送るうちに、ミノルは「じぶんも特別支援学級に入ることになるのだろうか」と思案した。障害児たちに対する差別意識はないつもりだったけれど、じぶんがあの子たちの仲間だとはあまり思えなかった。

一昨年から始まった相互交流行事では、五人前後が一組を作り、そのうちひとりが特別支援学級の学生で、残りが通常学級の生徒というメンバー構成を取る。指定された場所で社会見学を実施し、メンバー全員で壁新聞を作って、考えたことを発表する。その際、特別支援学級の生徒が感じたことや考えたことをみんなで共有し、その体験世界を立ちあげていかなければならない。そうして立ちあげられた共有イメージを文章や絵や図で表現することが、欠かせない条件として設定されている。

一昨年だと、ミノルは軽度知的障害のアスマくんがいるチームに入った。アスマくんが車好きだということで、朝の九時から昼の一二時までみんなで自動車工場に行き、工場に勤める社員たちから機械による組みたて作業を見せてもらった。途中から合理的配慮を受けている社員たちが作業をしている大きな部屋も見学して、監督補佐員から作業内容についての説明を受けた。そこで見た社員たちには、アスマくんに似た印象の、とてもゆっくり動く人もいたけれど、それとはむしろ逆の印象を与える、ものすごくせわしなく動く人もいた。

ミノルも自動車にそれなりの興味を持っていたけれど、組みたてている車を観察するアスマくんを見ていると、その興奮ぶりはうらやましいほどだった。ミノルはみんなに、アスマくんの興奮の純粋さとほかのメンバーの感情の温度差のようなものを壁新聞のテーマにしてはどうか、と提案した。メンバーたちの車に対する関心はバラバラだったけれど、どのメンバーも、やはりアスマくんの無邪気な興奮が印象的だったということで、ミノルの提案に乗ってくれた。しかし、そのあとでの新聞制作の実作業では、「ＫＹ」傾向のあるミノルには全体を仕切ることは難しく、むしろ言葉少なになってしまったことを覚えている。

あのときは、たしか一三時から一六時までグループの全員で話しあって、新聞の構成を決めて、それぞれの記事の大まかな内容について意見を交換した。ミノルは同級生たちの会話の速度についていくのに必死だった。具体的な執筆内容は分担が決まった各自の宿題になった。その翌週と翌々週、この課題をこなすために「探究」の時間を使って新聞制作を進め、新聞は冬休み前に無事に完成した。ミノルは周囲のペースに置いていかれないように、ずっと奮闘していた。アスマくんは好きな車種とその性能について話して、それをミノルが書きとめて、それが壁新聞の中央に載った。思えばあのときミノルはすでに、じぶんが「障害児の仲間」だと感じていたような気もする。

ミノルは去年のことも思いだした。あのときは、注意欠陥・多動性障害と軽度知的障害を併発しているノゾミちゃんがいるグループだった。ノゾミちゃんが「アイスクリーム屋さんになる」ことが夢だと言ったから、スーパーマーケットのアイスクリーム売り場が、社会見学の行き先に決まった。合理的配慮を受けて働いている店員と話す時間があったけれど、仕事内容を調整してもらうことで働けていると語っていて、ノゾミちゃんの顔がきらきら輝いていた。誰かが「こうすればノゾミちゃんの夢は叶う！」というハウツーをテーマに選ぼうと発言して、ミノルも含めて、ほかのメンバーたちは「それがいいってじぶんも思ってた！」と叫んだ。完成した壁新聞は、教員と生徒のどちらも投票できる全体審査を経て、「最優秀賞」を受賞した。

そんなわけで、ミノルは一昨年も去年も相互交流行事にそれなりの充実感を覚えていた。アスマくんもノゾミちゃんもずっとうれしそうにしていた。けれどミノルは、どうしても思ってしまうのだ。「特別支援学級の子たちって、そんなにじぶんに似ているかな？」と。アスマくんとノゾミちゃんを比べても、ふたりがそんなに似ているとは思えないけれど、それは彼らに知的障害の特性があるからだろうか。いずれにしても、じぶんがふたりの仲間だとしたら、特別支援学級が扱う「発達障害児」、「知的障害児」というカテゴリーは、かなりめちゃくちゃなものではないだろうか。ミノルは考えこんでしまわざるをえない。

一二月の寒い朝、ミノルは朝早くに起きだした。相互交流行事の実施日がやってきたのだ。トイレを済ませて、いつもどおりにきっちり歯を磨いて、ふだんは浴びない朝のシャワーで気合いを入れる。トーストと卵とサラダとホットコーヒーをおいしく味わってから、学校に出かける。

教室に入ると、クラスメイトたちがいくつかのグループに分かれて、それぞれのグループの中心になる特別支援学級の生徒たちひとりずつを囲んでいた。ミノルはじぶんのグループに近づいた。わりとよく話すクラスメイトとしては、ヤマトやショウヘイがいる。気になる女子のナナミとも一緒の組になったのが、ひそかにうれしかった。なんとなく嫌われていることは気づいているけれど、良いところを見せられたらなと思う。特別支援学級の生徒は少ないから、だいたいは顔見知りだけれど、今回の活動の中心になるミサキちゃんは夏休み明けに引っ越してきた子だから、ミノルはまだ顔もほとんど見たことがなかった。

ミノルはグループ全体に向かって、「おはよう」と声をかけたあとに、ミサキちゃんに向かって微笑んで、「ミサキちゃん、おはよう」と言った。すると、ミノルが人生で初めて体験する驚くべきことが起こった。ミサキちゃんはミノルの声にさっと反応して、ミノルの眼を見つめ、「おはよう！」と言って満面の笑顔で応えたのだ。

ミノルはその瞬間、ギクリとして固まった。率直に言って、ミノル自身にも何が起こったのか、まるでわからなかった。ミノルが生きてきた一五年の経験が、事態を正確に把握するのを拒んでいたのだ。ミノルはじぶんが動揺していることに気づきながらも、なぜそんなにじぶんが動揺しているのか理解できない。ただひとつ言えることは、ミサキちゃんはミノルがこれまでに出会ってきた誰とも異なっているということだ。

ミノルは呆然としながら、社会見学に出発してからも、ミサキちゃんの一挙一動をこっそりと観察した。あけすけな笑い方、小動物のようなクリクリとした眼の動かし方、顔の表情や手振りと身振りに現れた過剰なほどの感情表現、かと思うとやたら遠慮がちになって、言葉を慎重に選びすぎる。この子はいままでにじぶんが出会ってきた誰にも似ていない、とミノルはわずかな時間のうちに改めて確信した。いや、正確に言えば、この子のような人間を、ぼくはひとりだけ知っているのだ、とミノルは息を呑みながら考える。それはミノル自身だ。ミサキちゃんはミノルに異様なほどに似ているのだ。

ミノルは思考をめぐらせつづけた。これはもしかして「一目惚れ」というやつだろうか？　答えは「いいえ」だった。ミサキちゃんを異性として魅力的と感じるかどうかと言われれば、ミノルは「そうとは言えない」と思った。というのも、顔の作りがミノルの好みどおりとはまったく言えないのだ。しかしそのミサキちゃんに、ミノルは異様なほどに注意を引きつけられてやまない。それはミサキちゃんに、ある種の超人間的な魅力が宿っているからだ。そしてその「超人間的な魅力」がミサキちゃんの内面性に由来するのでないことは確かだった。だって彼女の人柄なんて、まだ何もわからないのだから。そして、やはりそれは容貌に由来するのでもない。ミノルが感じている「超人間的な魅力」とは、ミサキちゃんの顔つきや身振り手振りにあるものだった。そこからミノルは、ふたりが「同じ種族に属している」という直感に全身を貫かれた。

そしてミノルはついに理解するに至った。そうか、これが発達障害なのか。あるいは、これも発達障害ということなのか。事前に受けた説明会では、ミサキちゃんが注意欠陥・多動性障害を診断されていることを、特別支援学級の先生が話していた。その説明によると、この障害は「不注意優勢型」、「多動・衝動性優勢型」、そのふたつの性質をともに備えた「混合型」に三区分され、個々の児童ごとに多様な現れ方をするということだった。その教師は言った。「ミサキちゃんはかなり変わったタイプで、この三つのタイプのどれにも当てはまらないようなの。『特定不能の注意欠陥・多動性障害』というらしいわ」。

ミノルはこの日の一日をかけて、じぶんがまさに発達障害児なのだと、それもミサキちゃんと同じタイプの障害児なのだと確信を深めるばかりだった。

ミノルやミサキちゃんを含んだ一団は、病院に到着した。ミサキちゃんは将来の職業選択の候補として看護師を考えているから、そこが今回の社会見学の場所に指定されていた。まずは院内を案内してもらい、それから昼食のための休憩があった。午後にはナースルームを見学させてもらって、そのあと一室を貸してもらってから、壁新聞を制作するための打ちあわせをやった。ミサキちゃんの発言はミノルたちのグループメンバーをときどき苦笑いさせていて、ミノルはいつ「ＫＹ」やそれに類する言葉を誰かが発言するか、とハラハラした。そういう言葉を浴びせられたとき、天真爛漫に見えるミサキちゃんは、どんな顔つきになるのだろうか。この明るくてきらきらした顔が傷つく様子を絶対に見たくない、とミノルは強く思った。

さいわいにして、今年のミノルが所属したグループでは、精神的に成熟したクラスメイトが目立ち、そのような発言はついに一度も誰からも発せられなかった。もちろん、すべてのメンバーに精神的な未熟さがなかった、というのではない。しかし、成熟した構成員が多い集団では、一般に未熟な構成員は発言を控え、それこそ「空気」を読んで、慎重になるものだ。ミノルはそのことに気づいて、平穏な雰囲気に安堵しながら、ミサキちゃんをこっそり観察しつづけた。ミサキちゃんの疑問に関して、ミノルたちは看護師たちに何度も詳細を問いあわせた。ミノルは看護師たちのうちに、ミサキちゃんにそっくりな顔つきや仕草を交えて応対する人たちが多く含まれていることに気づいた。おそらくあの人たちも、ミサキちゃんと——そしておそらくミノル自身と——同じタイプの注意欠陥・多動性障害を患っているのだろう。そのひとりはミノルの母親と同じくらいの年代の人だけれど、見ているとずいぶん印象が違っていて、「別人種」という感じがする。

「もしかしてぼくも看護師に向いているのだろうか」とミノルは考えこんだ。そんなことをこれまでに一度も考えたことはなかった。しかし思えば幼稚園のときに麻疹(はしか)で入院して、担当してくれた看護師さんと結婚したいと言って、周囲を困らせたことがあったと、なんとなく思いだされてくる。あれは病院にじぶんに似た子どもがいないということが寂しくて、理解力に富んだおとなで子どもの世話に長けた看護師に愛着を示したのだろうと、成長後に自己分析をしていた。しかし、それは違っていたのかもしれない。ぼくやミサキちゃんの「同類」がこの業界には多いのではないか。そしてミサキちゃんも、どのくらい意識的にか無意識的にかはわからないけれど、なんとなくそれがわかっていて、看護師になるということを将来の夢のひとつとしているのではないか。

ミノルはこの日の相互交流行事の体験を経たことで、精神科クリニックで確定診断を受ける日に対する、なんとなくの不安を解消した。じぶんはまちがいなく発達障害児で、注意欠陥・多動性障害を患っているということを、すっかり受けいれるようになっていたのだ。じぶんが障害者だとしても、じぶんを迎えいれて働けるようにしてくれる職場は確実に存在するという事実も、社会見学をつうじて知識として得ていた。自動車工場、スーパーマーケットのアイスクリーム売り場、病院——いずれの現場にも大きな興味を抱いているわけではないけれど、それぞれやりがいのある仕事だということは誰にでもわかる。もちろん、じぶんがまだ知らないだけで、ぼくやミサキちゃんのタイプの注意欠陥・多動性障害を持った成人に向いた仕事が、おそらくほかにもいろいろとあるはずだ。そう考えると、ミノルには未来を悲観する理由はないと感じられるのだった。

診断がおりる日は、ミノルの父親も母親も揃ってクリニックまで付添いをしてくれた。こういうときに、ミノルはじぶんの両親がほんとうはじぶんのことを真剣に思ってくれているのだ、ということを実感できる。ときどき両親の愛情が足りないように感じてしまうじぶんの感じ方は甘えん坊的なものだと気づくことができるのだ。

発達障害の診断がおりることはわかっているのに、待合室でミノルはやはりヤキモキしてしまった。父親はタブレットで仕事をしようとしつつも、同様に集中しきれないでいる。母親はスマートフォンの操作に夢中になっている。父親は何度か溜め息を吐き、母親はいつもより体を軽く揺らしているので、おそらく両親もなんとなく所在ない感覚を得て、もどかしいのだろう。ミノルは待合室の脇にあるコーヒーを飲みたいと思った。両親に訊いてみると、ふたりともいらないと言うから、ミノルはじぶん用の一杯を淹れるために席を立った。コーヒーをカップに注いでいると、心のとろけるような香りが鼻の奥をくすぐっていく。シロップとミルクで甘くなったそれを飲みおわりかけたときに、声がした。

「マナベさん、どうぞ」

看護師の女性が待合室に向かって呼びかけてくる。ミノルは飲みおわったカップをテーブルに置いて、席を立った。親子三人は「こちらです」と案内された診察室に入っていく。

「どうぞおかけになってください」

検査のときに対応してくれた女性の主治医、ハルナカ先生がミノルたちに言い、ミノルはその主治医のすぐ前にある椅子に腰かける。両親は壁際にあるいくつかの椅子からふたつ選んで座った。

「ミノルくん、きょうの気分や体調はどうですか」

ハルナカ先生は大きく眼を見開いて、ミノルに話しかける。ミノルは小さな声で答える。

「体調は良好だと思います。気分も悪くありません」

ハルナカ先生は微笑んで、視線を卓上の書類に戻し、言葉を続ける。

「それでは、診断を伝えますから、お父さん、お母さんと一緒によく聞いてください。わからないところがあっても、あとで書類で確認してもらえますから、安心してください」

ミノルが黙ってうなずくのを見て、ハルナカ先生は裁判の判決で「主文」を読みあげる裁判官のように言う。

「検査の結果を、私を含めたスタッフで検討しました。それで結論ですが、ミノルくんにはたしかに発達障害があります」

わかってはいたことでも、ミノルの胸には何かが込みあげてくる。それで、いつものミノルなら抑えられるはずの衝動に負けて、つい口走ってしまった。

「ぼくは注意欠陥・多動性障害なんですよね。ちょっと珍しいタイプの」

ハルナカ先生は少しだけ驚いたようにミノルの顔を見てから、かすかにほほえんで言った。

「ミノルくんの発達障害はキカイショーという種類のものです」

その言葉を生まれて初めて耳にしたミノルは、思わず固まってしまった。そして言った。

「キカイショー、ですか」

ハルナカ先生はミノルに向かって言う。

「はい。正式にはキカイショウ・スペクトラム・障害といいます」

先生はメモ用紙を一枚だけ破いて、ペンでその名称を書いて、ミノルに渡してくれる。

そこにはこう書かれてあった。

自閉症スペクトラム障害

ミノルは初めて見るその単語に不意をつかれ、どう反応して良いのかわからなかった。これはいったいどういうものなんだ。

不意をつかれたのはミノルだけではなく、ミノルの両親もだった。彼らは、息子が家庭で一度も口にしたことのない「注意欠陥・多動性障害」という単語を発語したのにも驚き、息子なりにいろいろ思いつめていたのだろうと察して、胸を痛めた。しかし、その直後に主治医のハルナカ先生はそれを否定し、続いて、ミノルの想像も両親の想像も上回る事実をゆっくりと説明しはじめていた。

「まずミノルくんは、話すときにじっと相手の眼を見るでしょう。もちろん私たちでも相手の眼を見ることはありますが、ふつうは一瞥するだけです。ところが、己開症の児童はもっと長時間、相手の眼を見つめようとします。その根本的な理由は、他者との同調を過剰に求めようとするからなんですね。検査のときに、ミノルくんが小さい頃、ご両親に構ってもらおうとしてよく泣きじゃくったという話をしてもらいましたが、それは示唆的です。己開症の子どもたちは、自律的に行動する能力が、ほかの多くの子たち、私たち専門家が『標準発達児』と呼ぶ児童たちよりも、弱いんです。ひとり遊びが苦手で、まわりの子に構ってもらおうとしたり、あるいは率先してまわりの子の相手をしたがったりするのも、同じ事態の別の側面を表現しています。簡単に言えば己開症には、ひとりでいるのに耐えるのが難しい障害、という特徴があります」

じぶんの個性のようなものとして理解していたことが、いま眼の前で症例や病態として新たな説明を与えられていく。ミノルは動揺しながらも、耳を澄ませて必死にハルナカ先生の言うことを飲みこもうとする。衝撃を受けながら息を呑んで真剣に聞きいっているのは、両親も同様だ。ハルナカ先生の話す内容は、これまでどこでも聞いたことがないことだった。

「他者に向けて『己（おのれ）』を『開』きすぎる、というのが『己開症』という障害名の由来です。正常ではない証拠として、集中力の際立った欠如があります。私たちはふつう、興味を抱いたものにすっぽり没入しながら日々を送っていますよね。でもミノルくんはそうではありません。集中力のトリガーが引かれにくいのです。この不注意の特性から、已開症の児童たちは、長らく注意欠陥・多動性障害の下位タイプとして誤診されてきました。『已開症スペクトラム障害』という診断名が生まれたのは最近のことで、国内ではまだほとんど認知されていません。でもこれから急速に認知されるのではないかと言われています。それから、ミノルくんが特に気にしている『空気が読めない』という問題ですけれども」

「空気」という言葉が口にされて、ミノルは思わずビクリとした。ミノルにとってとても大きな問題だ。姿勢を正して座りなおし、ハルナカ先生の顔を真剣に覗きこんで聞く。ハルナカ先生はそうされても、ミノルに眼を合わさず、書類に視点を落としたまま言葉を継いでいく。

「じつは、この『空気が読めない』という問題に、已開症の特徴がもっとも良く現れているというのが、私たちの共通の見解です。空気が読めないのは、常識がわからないからです。私たち専門家は『想像力の障害』、『コミュニケーションの障害』、『社会的相互関係の障害』などの言葉を用いながら考察を展開しているのですが、なぜそういう障害が生まれるのかは、まだよくわかっていません。ひとつだけ言えるのは、これはミノルくんの努力不足などによって起こっているのではなくて、生まれつきの障害なんだということです。そして残念ながら、どれだけ努力しても治ることはありません」

ミノルは説明を聞きながら、ぼんやりとした感覚に包まれていた。なんだかすべてが夢のなかの出来事のようだ。その朦朧とした感覚の底から、悲しいような気持ちと安心するような気持ちとが複雑に混じりあいながら、込みあげてくる。ミノルがいま悲しいのは、じぶんがずっと苦しんできたことは、生まれつきの障害のせいなのだとわかって、どれだけ努力しても根本的に解決できないと宣告されたからだ。ミノルがいま安心しているのは、じぶんが苦しんできたのは、じぶんがダメな人間だからじゃなくて、ほかの子たちみたいに努力できないからじゃなくて、すべて障害のせいだったとわかったからだ。

ミノル自身にも予想できなかったことが起こった。鼻の奥がツーンとして、つぎの瞬間に、両眼から涙があふれてきたのだ。ミノルにはもはや、じぶんの嗚咽を止めることができなかった。そして声をこらえながら、静かに泣いた。ミノルは泣きながらも、その音を最小にしようと心を砕いた。大声をあげて泣きじゃくるなんていう、まわりの人に迷惑をかけることは、己開症スペクトラム障害児のミノルには、どうしてもできないことだった。

自意識過剰と言われようとも、いつだってまわりのことを過剰に気にかけてしまい、じぶんでは解決できないのだ。自閉症スペクトラム障害とは、まさにそういう障害なのだから。「ううう、ううう」という悲痛な呻き声がのどの奥から出てくる。ミノルは涙を流し、鼻をすすりあげて、泣いている顔を両手で覆って隠し、じぶんがこれまで耐えてきた苦しみの重さをじぶんで実感しながら、泣いた。

ミノルの父親は、検査の際にじぶんが問診に答えたことを思いだしていた。一歳で保育園に入ったけれど、ミノルがいろんなことに気を散らせがちなことに、保育士たちが違和感を抱いて、ミノルの両親と情報を共有したこと。三歳頃には、ほかの子どものひとり遊びを邪魔したりするということで、保育園での扱いに困っていると指摘されたこと。ほぼ同じ頃に三歳児健診を受けたときに、母親が「うちの子はどこかおかしいでしょうか」と医者に尋ねたものの、「知能も高いし、正常の範囲でしょう」と言われて、問題なしとされたこと。父親だけでなく、母親もそれらの出来事をかんたんに思いだすことができる。

五歳で一年生になり、一五年の義務教育が始まって、しばらくは問題は深刻化しなかったけれど、思春期を迎えていた五年生のときには、ミノルは周囲とギクシャクするのを感じて、勉強にもついていくのが難しくなっていた。一〇年生になった一五歳の今年は、義務教育の三分の二の地点に至るということで、多くの子どもたちが将来の生活を見据えて、今後の勉強を選択していくことになる。ミノルはますます「落ちこぼれ」だと感じるようになっていて、だから今回のように発達障害の検査を受けるのは、ミノルにとっても良い機会だった。そういったことも含めて、ミノルの父親は問診でたくさん語ったし、そのようなことを医者に伝えるということは、ミノルの母親も織り込みずみだった。

ハルナカ先生は、ようやく泣くのをやめ、涙をこらえられるようになったミノルに、知能検査の結果を記録した紙を渡した。そこに書かれた用語や項目の意味についてかんたんな説明を施していき、最後に言った。

「ミノルくんは各能力の凸凹が小さくて、平坦な印象を与えます。残念ながら、自然な感じを与えないデータです。自閉症があるとこのような特徴が現れやすくて、その点でミノルくんは多くの子どもたちと異なっています」

ミノルはまだかすかに潤んだ眼で、その紙を見た。知識がないため、どの数値がどのような異常を示しているのか、判断がつかなかった。それぞれの数値に関して、人類全体の平均が一〇〇で、「言語理解」や「知覚統合」といった項目で、ミノルの数値はどれも一〇〇前後に位置していた。そして、それが大多数の子どもたちと大きく異なるミノルの異質性をよく表しているのだ。

ミノルはハルナカ先生が父親に向かって「もし良かったら、お父さんも検査を受けてみてはどうでしょうか」、「発達障害は非常に遺伝しやすいことが知られています」、「あくまで私の推測ですが、お父さんにも已開症の特性があるかもしれません」といった発言をしているさまを、ぼんやりと聞いていた。そうか、これは父さんからの遺伝かもしれないんだ、とミノルは思った。小さい頃から、父方の親類から「顔も中身もお父さん似だね」とよく声をかけられていたから、不思議ではない。父親の顔を見てみると、困惑したような顔を見せつつ、「ええ、ではそうしてみようと思います」と言っている姿が眼に入った。

その日の夕食は、三人揃って食べることにした。涙を枯らしたミノルはいつになく多弁だったけれど、クリニックで体験したこと、話題になったことについては、何も触れなかった。ミノルはじぶんが傷ついているのではないかと両親が気遣うことを先回りして防ごうとした。そして父親が不意に発達障害の可能性を指摘されたことに傷ついているのではないかと予測して、彼が落ちこまないで済むように励まそうと思ったのだ。いや、正確に言えば、ミノルはそのように「思った」のでもなければ、「考えた」わけでもない。そのように思ったり考えたりするまでもなく、ミノルは直感的にそうやって、まわりに気を遣う子どもなのだ。私たちが住む惑星、海球で己開症スペクトラム障害が多くの人に知られる直前の時代に、ミノルはこの障害の診断を受けた。

解説②

ミノルの診断は自閉症ではなく、「己開症スペクトラム障害」でした。

この展開に驚かれた方も多いのではないでしょうか。もちろん、私たちが生きる「地球」にはそんな名前の発達障害は存在しません。つまり、マコトさんの想像世界である「海球」独自の発達障害ということになります。己開症スペクトラム障害とはどんな発達障害なのか？　そして海球はどんな世界か。ここまで読まれてすでに、この物語の企みにピンと来ている方も、まったく見当も付かない方もおられるでしょう。順を追ってカラクリを紐解いていきましょう。

己開症スペクトラム障害とはなにか

まずは、物語で説明されている己開症の特徴を見てみましょう。

〈己開症の児童はもっと長時間、相手の眼を見つめようとします。その根本的な理由は、他者との同調を過剰に求めようとするから〉

〈ひとり遊びが苦手で、まわりの子に構ってもらおうとしたり、あるいは率先してまわりの子の相手をしたがったりする〉

〈三歳頃には、ほかの子どものひとり遊びを邪魔したりするということで、保育園での扱いに困っていると指摘された〉

〈ひとりでいるのに耐えるのが難しい〉

ここで「障害児」として描かれている子どもは、周囲の人と視線をよく合わせて相手の目を見つめ、友だちと一緒に遊ぶことが大好きな子どもです。おそらく幼いうちに一人で放置されると、つらい気持ちになって泣き出してしまうでしょう。

お気づきでしょうか。

己閉症の子どもは私たち地球人がよく知っている、ありふれた子どもの姿に他なりません。そうです。地球において「定型発達」とされる特徴を持つ子どもが、海球世界における己閉症スペクトラム障害の子どもなのです。では逆に、海球の「標準発達」とはどんな人たちのことなのか。それは地球で自閉症スペクトラム障害とされる人たちです。つまりこの物語は、自閉スペクトラム者と定型発達者の多数派、少数派が入れ替わった世界のお話です。私は普段、こういった思考実験を「多数派入れ替え発想」と呼んでいて、とても大切に思っています。なぜなら、今の社会に存在する

「普通」「常識」「当たり前」が、いかに相対的なものであるかを深く理解することができると思うからです。また、ニューロダイバーシティが、実は人類全員が当事者であることもわかりやすくなるでしょう。種明かしをすると、マコトさんは「自閉スペクトラム者が多数派の社会を考える」という、私が普段よく発信しているテーマを知ってくれていました。そこから発想を得て、自閉スペクトラムの当事者であるマコトさんが逆転世界の物語を書き、私が解説を書くという本書のコンセプトが生まれたのです。

そのことを前提にして読み返すと、この物語がまったく違って見えてくるはずです。例えば、至る所にミノルの「定型発達」ぶりが巧妙に埋め込まれています。

〈シンが黙っていると、つい話しかけてしまう〉

〈ミノルは母とふたりきりのとき、じっくり会話をしたいと思うこともあるけれど、彼女は趣味に没頭しているときがいちばん幸せだと知っているから、じぶんの都合で煩わせたりはしない〉

ここで描かれているのは、「人と話したい、関わりたい」「気持ち（感情）を共有したい」ことへのミノルの欲求です。でもどうやら海球ではその欲求は「障害」の原因と見なされてしまうようです。少しだけ解説らしい科学的な話もしましょう。ソーシャルモチベーション仮説[1]という自閉スペクトラムの脳や神経の働き方の「特性」に関する知見があります。この仮説は、自閉スペクトラム者が、人間の存在そのものや人との関わりがモチベーションの源泉になりにくいことを指摘するものです。具体的に言うと、「欲しい」や「したい」という欲求やその欲求が充足されることによる充足感の重要部位である脳内報酬系回路が、人間やそれに関連する情報に対してあまり活性化しないということです。私なりにもう少しかみ砕いて「人間を特別扱いしない脳」という表現をすることがよくあります。逆に言うならば、地球の定型発達とされる人たちは人間を強く特別扱いする脳や神経の「特性」を持った人たちと言うことができるでしょう。ソーシャルモチベーション仮説は現状、結局は自閉スペクトラムの障、害、の、原因というスタンスで語られていますので、ニューロダイバーシティの視点で考えると正直物足りないのも事実です。人間を特別扱いするかどうかは、人間の優劣とは本来無関係なはずです。そしてそれは、海球においても同じようです。人間を特別扱いする脳の特性の持ち主は極めて少数派であり、「障害」と見なされています。

そう考えて振り返ると、ミノルがクラスメイトの女性たちに「距離が近すぎて不快」と評価されてしまうことは、人間を特別扱いしない脳が圧倒的多数な社会の中で人間同士の「心地よい距離感」が違っていることが原因と考えることができるでしょう。

〈あまりに水圧を強くして浴びるから、林間学校でクラスメイトたちと一緒に大浴場を使ったときに、びっくりされたことがある。みんな「そんなにしたら痛い」と言っていた〉

〈ミノルはどうも五感などが鈍い傾向があって、それは触覚に関してもそうなのだった〉

これらの記述からわかることは、ミノルの皮膚感覚が少数派であるということです。そしてどうやらそれは特別に「鈍感」であると評価されるようです。もちろんここでも地球との逆転現象が起きています。地球においては、自閉スペクトラム者が「過敏」であり、ミノルのような感覚が「正常」な感じ方とされているでしょう。

再び、発達障害とはなにか

ここで再び、発達障害という概念について考えます。

とても重要なことは、海球世界において自閉症スペクトラム障害が、「コミュニケーションや社会性の障害」であるとされていることです。つまり、地球における「定型発達者」は海球において他者との関わりやコミュニケーションにつまずきやすく、トラブルを抱えやすいということです。地球においては、定型発達者のほうが「コミュニケーション能力に優れ」ていて、「社会的な能力が高い」とされることが当然とされているのに、どうしてこんなことが起きるのでしょうか?

理由は明快で、発達障害というカテゴリーは、結果として起こっている「よくある困難」や「（本人および周囲の人にとっての）問題」が列挙される形で作られているからです。自閉スペクトラム者が圧倒的に多数派な社会である海球世界で求められる、コミュニケーションスタイルや社会規範のあり方は地球とは明らかに異なっているため、地球において多数派である人が海球に行くとたちまち困ってしまうのです。物語の中でも何度もミノルが「ＫＹ（空気が読めない）」と表現されています。この空気が読めないという言葉は、その場の文脈を読み取れず、状況に合わない言動をしてしまうことを意味していて、地球においては自閉症スペクトラム障害の特徴の一つとされています。しかしながら、空気（暗黙の文脈）というものはその場における多数派、もっと言うと支配的な存在が生み出すものです。逆転世界においては誰が空気を読めないのかについても逆転する可能性が高いのです。

近年地球においてもこの構造が注目され、二重共感問題[2]と呼ばれています。この考え方は共感や社会コミュニケーションの問題は「似ていない」人たち同士で起きる相互の問題であることを指摘しています。どちらか一方だけでなく、両者が経験する問題であるため二重という言葉が使われているのです。この問題について、検証的な研究も行われています。ある研究[3]では、自閉スペクトラム者だけのグループ、非自閉スペクトラム者だけのグループ、両者が半々の三つのグループを作っていわゆる伝言ゲームをする実験をしました。その結果は、ミックスグループだけが、伝言ゲームの成績が悪いという驚くべき結果でした。つまり、自閉スペクトラム者だけのグループと非自閉スペクトラム者だけのグループに成績の差は見られなかったのです。さらにこの実験では、伝言ゲームをした後にグループメンバーへの信頼感や親しみ（ラポール）についても調査しました。そしてその結果も、ミックスグループだけ成績が悪かったのです。このことからも、海球において社会的コミュニケーションに障害があるとされるのは地球における定型発達者であるという仮定には一定の科学的根拠があると言うことができるでしょう。

ニューロダイバーシティという言葉は、自閉スペクトラム者がインターネットと出会うことで、この問題に気づいたことで生み出されました。インターネットを通じて同種の仲間と関わる限り、そこに共感の問題もコミュニケーションの障害も存在しなかったからです。そして彼／彼女らは、今までいかに自分たちが、多数派の「普通」に抑圧されてきたのかに気づいたのです。そして自分たちのアイデンティティの問題として声を上げ始めました。重要なことは、それは同種の仲間と出会うことによって、初めて実感することができたということです。それまでは、多くの場合で自閉スペクトラム者の方たち自身が「コミュニケーション能力が劣っている」「共感能力がない」と思い込んでしまっていたということでしょう。よく誤解されるのですが、彼／彼女らはニューロダイバーシティという言葉を、自分たち発達障害者をよりよく表現する言葉として提唱したわけではありません。人間という存在自体が多様であり、その多様さを社会が広く認識するべきだと主張したのです。別の言い方をすると、自分たちも「普通」「正常」の中に入れてほしいと主張したわけではなく、そもそも人間に「正常なあり方」など存在しない、それは多数派が生み出した社会的な概念であることを訴えたのです。

少し話は変わりますが、ミノルは地球においてＡＤＨＤなのかということについても考えてみましょう。物語の前半で「不注意・多動・衝動性」を感じさせるエピソードが多かったミノルですので、ＡＤＨＤの可能性を考える方もおられるかもしれません。しかしながら、ミノルがもし地球に生まれていたら、きっとＡＤＨＤとは評価されないでしょう。

なぜならば、ミノルの不注意、多動、衝動性を思わせるエピソードはすべて、「人間を特別扱いする脳」の傾向によって生まれているものだと推測できるからです。まわりをキョロキョロ見てしまうことも、「落ちつきなさい」と言われてしまうことも、全部周囲の人たちの様子や気持ちの動きが気になることによるものです。その特徴は、周囲の人たちが「人間を特別扱いしない」特性の持ち主ばかりだからこそ目立つのであり、奇異に思われてしまうのです。もしミノルが定型発達とされる世界に生まれていたならば、その特徴は人間の「普通の姿」、もしくは「あるべき反応」と評価され、少なくとも症状と考えられることは起きないでしょう。

つまり、ミノルは地球に生まれていればいわゆる「健常児」である可能性が高いのです。

ミノル自身はまったく同じ人物なのに、海球では「発達障害者」であり、地球においては障害がないとされる。ここに発達障害を理解する、いやそもそも障害と呼ばれる現象を理解するための重要なヒントが含まれていると私は考えています。どんな社会に生きているかに影響される、とても相対的な概念です。少なくとも、人間の内側だけに存在するわけではないのです。それはどんな人間の姿を「あるべき姿」とするのかという、人々の価値観に強く影響を受けています。私たちは一体どんな人間の姿を、人のあるべき姿と考えているのでしょうか、そしてその姿から少しでもはみ出る人を「障害者」とすることに、いつの間にこんなに慣れてしまったのでしょうか。

障害と「診断」されることの意味

もう一つ、忘れてはいけない大切なことがあります。

「発達障害」が、人々の価値観によって形作られる相対的な概念だからといって、本人の苦しみや生きづらさがなくなるわけではないし、ましてや否定されるべきではないことです。概念としてどのように理解できるのかということと、現実に存在する苦しみ、悲しみは分けて考える必要があります。

〈ミノル自身にも予想できなかったことが起こった。鼻の奥がツーンとして、つぎの瞬間に、両眼から涙があふれてきたのだ。ミノルにはもはや、じぶんの嗚咽を止めることができなかった〉

〈ミノルがいま悲しいのは、じぶんがずっと苦しんできたことは、生まれつきの障害のせいなのだとわかって、どれだけ努力しても根本的に解決できないと宣告されたからだ。ミノルがいま安心しているのは、じぶんが苦しんできたのは、じぶんがダメな人間だからじゃなくて、ほかの子たちみたいに努力できないからじゃなくて、すべて障害のせいだったとわかったからだ〉

これらは、診断直後のミノルの姿です。

私はこのミノルの姿に、長きにわたり「自分探し」を続けた末に発達障害と診断された、マコトさんの姿を重ねずにはいられません。ここに書かれているミノルの気持ちはおそらく、マコトさんの過去の体験そのものなのでしょう。四〇年ものあいだずっとたくさんの傷付きと困難を抱えて生きてきたのです。それはきっと、自分ではどうしようもないことで、何かを奪われたり、諦めたりしなくてはならない経験の積み重ねです。だから本人にとっては、「障害」以外のなにものでもないでしょう。脳や神経の働き方が少数派であることは相対的な出来事ですが、今の社会がある特性の持ち主を「障害」と捉えざるを得ない現状があることもまた動かしがたい事実です。

その意味で、「診断」されることには意味があります。私はマコトさん以外にも「診断名がついて安心した」「長年の謎が解けて前を向けるようになった」とおっしゃる何人もの方の声を聞いたことがあります。また診断されることによって利用できる社会的なリソースの存在や、適切な投薬による日常生活改善の可能性など、本人の認識変化以外のメリットも少なからずあります。

しかしながら、医療本来の目的である「治療」ができるわけではない、むしろ治療すべきではない場合も多いという視点もまた、とても大切です。社会における多数派が入れ替わることで、誰が「発達障害者」なのかが変化するのだとするならば、多数派と同じになることを目指す「治療」は避けるべきで、むしろ弊害が大きいでしょう。ここで言っている多数派とは、単純に人数が多いことだけを意味しているわけではありません。そのコミュニティにおいて支配的であり、権力の側にいることを意味しています。つまり、「あるべき姿」を定めることができる立場の人です。目指すべきは、少数派が多数派のようになることではなく、誰が少数派になっても生きづらさを抱えにくい社会です。それはきっと、今ある「あるべき姿」を問い直すところから始めなくてはならないでしょう。

さて、発達障害と診断されたミノルがその後どうなっていくのか、気になるその先を読み進めてみましょう。

注

1 Chevallier, C., Kohls, G., Troiani, V., Brodkin, E. S., & Schultz, R. T. (2012). The social motivation theory of autism. *Trends in Cognitive Sciences*, 16(4), pp. 231-239.

2 Milton, D. (2012). On the ontological status of autism: the 'double empathy problem'. *Disability & Society*, 27(6), pp. 883-887.

3 Crompton, C. J., Ropar, D., Evans-Williams, C. V. M., Flynn, E. G., & Fletcher-Watson, S. (2020). Autistic peer-to-peer information transfer is highly effective. *Autism*, 24(7), pp. 1704-1712.

ミノルが発達障害の診断を受けたのは一五歳のときで、ちょうど一〇年生だった。診断後、両親と担任のタキザワ先生が面談し、両親はミノルが一一年生の春から特別支援学級に移りたがっていると伝えた。タキザワ先生が教員会議で諮り、両親から受けとっていた診断書をもとに事情を説明し、認められた。そうしてミノルは義務教育の残りの五年間を合理的配慮を受けながら過ごすことになった。

一一年生になってしばらくのあいだ、ミノルは独特の虚脱状態に襲われていた。今後の人生を再設計するべき状況なのだろうとはわかっていたけれど、具体的に何をどうして良いのかが、まるでわからないのだ。特別支援学級の担任になったハヤタ先生は、ミノルの混乱を察してくれて、新しい目標を立てるようにと急かすことはなかった。この理解ある対応のもとで、ミノルは勉強にも遊びにも打ちこめずに、多くの時間をぼんやりと過ごすことになった。

それでもミノルは基本的にとてもマジメな少年だから、これではいけないと内心では必死に足掻いていた。それで診断を受けてから一年が過ぎ、また冬が来ると、じぶんの置かれた状況をじぶんなりに整理して、じぶんの足で立って未来に向かうための方策を立てたいという意志がむくむくふくらむようになってきた。かんたんに言えば「じぶん探し」ということだけれど、これは障害を持たない若者がやるようなものとは質的に異なっている。

障害者として、健常者よりもずっと制限の多い状況で、どうやって社会をサバイブしていけば良いのかを模索する試みだからだ。

ＳＮＳに匿名のアカウントを作って情報を収集していると、発達障害に関する情報がちらほらと入ってくるようになったものの、頭のなかでうまく整理できないことが多かった。よく読まれている本が話題になっているのを見て、これは腰を据えてじっくりと調べてみたほうが良いのではないかと思うようになった。それで学校の図書室を利用して本を借りだし、「これぞ」と思った本に関しては、小遣いを使って購入することにした。そのような本ならどんどん買って良いということで、ミノルは小遣いを多めにもらうことができた。

ミノルがまず学んだのは、人類の大多数は「標準発達者」と呼ばれ、全体の九割以上を占めるということ、他方で一割以下の人は「発達障害者」と呼ばれ、ミノルはここに入っているということだった。かつて発達障害は「神経発達症」と呼ばれ、そのなかには「注意欠如多動症」、「限局性学習症」、「知的発達症」などが含まれていたが、これらはあくまで「障害」で、「病気」ではないという認識が広まって、神経発達症は発達障害に、注意欠如多動症は注意欠陥・多動性障害に、限局性学習症は学習障害に、知的発達症は知的能力障害に名称が変更された。さらにミノルが学んだのは、発達障害の特性（障害特性）を持っているだけでは「障害」ではなく、社会の整備や環境の調整が至らず、そのような特性を持つ人が住みにくい状況になって、その当事者が「障害者」になると考えられるという障害についての近年の考え方だった。「そういう考え方になっているのか」とミノルは純粋な感動に包まれる気がした。

発達障害のなかで先行して注目されたのは、注意欠陥・多動性障害だった。これはまず「脳損傷児」の症例として報告されたものが「微細脳損傷」と名づけられ、「脳微細機能障害」と変更されたのち、「小児期の多動性反応」と枠組みが変わり、「注意欠如症」から「注意欠如多動症」を通過して、現在は「注意欠陥・多動性障害」（ＡＤＨＤ）と呼ばれるようになっている。「注意のあり方が特徴的」なことは、精神医学や認知科学の分野でも検証され、注意欠陥・多動性障害では「Ⅰ型（多動・衝動性優勢型）」、「Ⅱ型（不注意優勢型）」、「Ⅲ型（混合型）」が区分されるようになった。

注意欠陥・多動性障害を持つ児童について研究と支援が進むなかで、この障害は成人期にも持続することがわかってきた。さらに、「注意のあり方が特徴的」だけれど、従来の注意欠陥・多動性障害とは異なる性質を持つように思われる別の成人や児童も報告に上がりはじめた。彼らはしばらくのあいだ「特定不能の注意欠陥・多動性障害」（ＡＤＨＤ-ＮＯＳ）や「注意欠陥・多動性障害・Ⅳ型」（ＡＤＨＤ-Ⅳ）などと呼ばれていたのだが、ごく最近になってこれを注意欠陥・多動性障害とは別の発達障害と見なす見解が支持を広げ、「己開症スペクトラム障害」(ASD)と名づけられた。「スペクトラム」とは、この障害の現れ方は多様で、光の強度分布の連続体(スペクトラム)のように、さまざまな濃淡で関連する特性が当事者たちに確認されることから名づけられたものだ。

名称の中心にある「己開症」という訳語については、日本国内で議論が喚起された。英語では、「他者」の古代ギリシア語〈ἄλλος〉(アロス)に由来する新語〈Allism〉(アリズム)が鋳造され、まずは己開症スペクトラム障害はこの名称で呼ばれたが、やがて「スペクトラム」の認識が広まって、〈Allism Spectrum Disorder〉という障害名に変わった。〈Allism〉は日本では当初「他開症」と訳され、のちには〈Allism Spectrum Disorder〉も「他開症スペクトラム障害」に訳されたのだが、「他開症」では「『他』者に向かって『開』きすぎる」という真の意味が伝わらず、「『他』者をむりやりに『開』こうとする」ものだと誤解されると指摘が出るようになった。関連する各種学会での議論ののちに、日本語の正式名称として、「己開症スペクトラム障害」が決定された。「己開スペクトラム症」と呼ばれなかったのは、注意欠陥・多動性障害と同じく、「症」よりも「障害」が適切だという意見が多数を占めたからだ。

ミノルは読書による勉強をさらに進めて、「己開」という概念は、統合失調症をめぐる議論から生まれたことを知った。統合失調症では、幻聴が聞こえて妄想がふくらむという症状が特徴的だが、これは「『己』を外部に『開』きすぎる」ことで起こっているのだ、つまり自己表出が過多になる障害なのだと考えられ、それを説明するために「己開」という概念が生まれた。当初は、児童のなかに稀にこの「己開」を思わせる性質が観察されるということから、「己開症」という言葉が生まれた。この経緯のために、「己開症」ははじめ「子ども版の統合失調症」と見なされていた。「発達障害」という概念が完全に形成されていなかったのだ。

ミノルは「ふう」と溜め息を吐いた。それにしても「己開症」は「奇怪症」や「機械症」に聞こえないか、と口を尖らせたくなる。まるでお化けやロボットみたいじゃないか。採用されなかった「他開症」にしても、「他界症」に聞こえて不吉すぎる。もっとまともな名称を考えつけなかったのだろうか。「己開症スペクトラム障害」。生まれながらに避けようもなく精神障害の特性を持って生まれてきたというのに、こんなひどい名称を与えられて、いったい誰がうれしく感じるだろうか。採用されなかった「己開スペクトラム症」でも同様だ。まるで特撮番組に登場する宇宙怪獣の名前のようだ。ミノルは本を読んで知識を蓄えていきながら、ときどきまた、診断を受けたときのように、両方の目頭と鼻の奥が涙で潤んでいくのを感じるのだった。

それでもミノルは涙をこらえ、解説を読みすすめる。最近では、発達障害を「注意」によって整理する議論が進むようになった。標準発達者は、注意が興味を感じた特定のものに固着するという自然な注意力を有し、短期集中的な能力を発揮する。それに対して、注意欠陥・多動性障害者は、注意が転動しやすく、衝動的な言動が目立つことによって、あるいは注意力の慢性的な弱さによって特徴づけられ、作業能率に問題を生じるため、発達障害者の典型と見なされる。自閉症スペクトラム障害者の場合は、強い興味を向けられる対象が標準発達者に比べて乏しく、注意欠陥・多動性障害者ほどではないけれども、注意が固着しづらいため、やはり作業能率が劣りやすく、何よりもコミュニケーションや人間関係のあり方が標準形とは異質なために、困難が生じやすい。

自閉症スペクトラム障害をめぐる言説によく付随するのは、社会的人間関係、コミュニケーション、想像力の障害といった概念だ。よく話題になるのは、「協調性への過度の没入」で、これによって標準的な社会性やコミュニケーションが欠如してしまう。標準発達者と認知の特性が異なるために、感じ方や考え方の落差が生まれ、「空気が読めない」、つまり多数派の標準発達者とはフィーリングが合わなくなってしまう。

ミノルは自閉症スペクトラム障害者に関して、「感覚の過敏と鈍麻」もよく話題になることを知った。たとえば自閉症スペクトラム障害者には、標準発達者がうるさいと感じるような騒音が気にならないという「鈍麻」があり、標準発達者が興味の対象に深く没入している環境で、同様に没入できず、周囲の刺激に反応するという「過敏」があるというのだ。この特性によって、自閉症スペクトラム障害者は異星人のような印象を抱かれてしまう。つまり周囲にやたら違和感を与える存在だと見なされるのだ。

ミノルは精神障害の診断基準が掲載された大部のマニュアルもめくって、自閉症スペクトラム障害のための診断基準を読んだ。

①複数の状況で社会的コミュニケーションおよび対人的相互反応における持続的欠陥があること

（ⅰ）近づき方が異常だったり、通常の会話のやりとりが難しい。興味や感情を共有することの多さ、社会的相互反応を求めすぎる。

（ⅱ）非言語的コミュニケーションの欠陥。たとえば、執拗に視線を合わせようとする。顔の表情や身振りの過剰さ。

（ⅲ）人間関係を発展・維持することに劣る。状況に合った行動が難しく、想像上の遊びをひとりでしたり、友人関係から独立したりすることができず、仲間に対する興味が過剰。

②行動、興味、または活動の限定された反復的な様式が二つ以上あること

（ⅰ）おもちゃを一列に並べて遊ばない、ものをしきりに叩いて遊ぶことがない、オウム返しをしないなど常同行動の欠落。言いまわしが独特。

（ⅱ）非同一性に固執し、習慣への固着性が緩い。小さな変化に対して極度に鈍感で、思考や習慣の移行が多く、異常なほど滑らか。毎日いろいろな道を歩こうとする、同じ食物を食べることに飽きやすい。

（ⅲ）対象への興味や愛着が限定されておらず、固着性が足りない。

（ⅳ）感覚が敏感すぎたり、鈍感すぎたりする。特定の音、光、手触り、味、臭いなどの感じ方が平均とは異なる。

③発達早期から①②の症状が存在していること

④発達に応じた対人関係や学業的・職業的な機能が障害されていること

⑤これらの障害が、知的能力障害や全般性発達遅延ではうまく説明されないこと

記された特性を読むにつれて、じぶんが完全に発達障害者だという確信が深まって、ミノルはますます深い溜め息を吐かざるをえないのだった。障害が当事者に起因するのではなく、社会の側にあるという考え方や、あるいは社会と当事者の噛みあわせに由来するという考え方をすでに知ったものの、実際にそう考えられるようになるにはハードルがあった。じぶんが何か発言し、行動を起こすたびに周囲ではギクシャクした不具合が起こるのだから、どうしてもじぶんが諸悪の根源のように思えてならないのだ。

いずれにしても、特別支援教育は、新たに報告されるようになった己開症スペクトラム障害に関する対応方法を、迅速に取りいれた。以前は注意欠陥・多動性障害として診断されていた生徒の一部は、己開症スペクトラム障害として診断されなおした。相互交流行事でミノルのグループに入ったミサキちゃんもそのひとりだ。教師によっては、己開症スペクトラム障害児は、じぶんなりに興味を抱いたことでも、標準発達児に比べて没入しづらいということが、頭ではわかっていても、心ではなかなか腑に落ちなかった。それで対象児童とのあいだに摩擦を生むことは、もちろんあった。「興味のあることを見つけて、の

めりこもう！」と応援しても、「興味が湧く対象なんて何もない」と答える己開症スペクトラム障害児は多く、それが不慣れな標準発達者の教師を困惑させる。より熟練した教師は、己開症スペクトラム障害児の「社会性へのこだわり」をくすぐるような仕方で、チームスポーツ、たとえば球技などに誘導した。己開症スペクトラム障害の子どもたちはみんなで同じことをして、興味や感想を共有する時間を得られると、安心感を抱くため、そういう時間を「特別支援」として提供するのが良い、という認識が広まった。

己開症スペクトラム障害に関する知見が社会と教育現場に急速に浸透していったため、ミノルはおおむね快適な学習環境を得ることができた。しかし一三年生から取りくむ専門科目を何にするかは決めかねた。一〇年生までは、通常学級でも特別支援学級でも、月曜日から金曜日まで毎日設定された「探究」の時間でじぶんが興味や関心を持った分野での知見を深め、一一年生から一三年生では、専門性が増した「高度探究」（「高探」と略される）の時間で、やはり毎日、じぶんの固有の学問的問題を追究していく。そして一四年生と一五年生では修学時間の七割程度を「論文執筆」（「論執」と略される）に当てて、「修業論文」を書いていく。この課程が、海球の多くの国で現在の学制の中軸を形成していて、日本も例外ではなかった。

一年生から一〇年生までの一〇年ものあいだ、「探究」の時間にうまく没入できなかったミノルは、「高探」が不安だったけれど、特別支援教育での「高探」は、特有の興味関心をなかなか深められない生徒に、いろいろな選択肢を示して、改めて関心事を開拓するように促していくという優しい学修方針にもとづいて設計されていた。ミノルは、「高探」担当のセヤマ先生が毎日のように配ってくれる読書リストを見ながら、「ぼくはどれを読みたくなるだろうか?」と、じぶんの心の扉をノックするようにして、自問した。セヤマ先生自身にも注意欠陥・多動性障害があって、教え子たちに対するいたわりにあふれていた。なお、特別支援学級では、何に対しても特別な興味関心を深められなかったとしても、高い「生活の質」(QOL)を確保しながら成人として生活していくことはできるという考え方が採用されていて、そのためにはどのように生きていけば良いのかを、教師と生徒とで一緒に考えていくという実践もおこなわれていた。

現在、海球の多くの国では五歳から二〇歳までが義務教育に設定されていて、そのあいだに生徒たちは一年生から一五年生に至る。そのあとは社会に出るか、五年制の大学院に進学するかを各自が選択することになっていた。しかしどの国でも、研究活動に向いた標準発達者が圧倒的多数を占めるという事情から、従来から大学院への進学者が八割を超えるようになっていて、大学院の五年間も義務化することで、それぞれの社会の生産性が、ひいては海球全体の幸福度が向上するのではないかという議論が、関連する国際機関で盛んになっていった。そして日本ではミノルが一七歳のときに、この新制度が三年後から施行されることが決まったのだった。つまり五歳で一年生になり、二〇歳に達する一五年生まで全員が在学するという義務教育の課程が、大学院の五年間の課程を飲みこんで、二五歳の二〇年生まで続くことになったのだ。すでに一五年制の従来の義務教育の課程を卒業した者たちも、現在の職場で働きながら、あるいは休職をすることによって、追加された五年分を修学することが推奨された。

大学院への進学をまったく考えてこなかったミノルは面食らったけれど、義務化するのだから仕方ないと判断した。しかし何をどう学んでいけば良いのだろうか。

次第にミノルは、それまで関心を持てなかった英語に力を入れるようになり、「高探」の時間には第二外国語としてフランス語を学ぶようになった。じぶんが発達障害者として生きづらいのは、日本という国がじぶんに合っていないのではないか、と考えるようになったのだ。つい一、二年前まで、外国語にぜんぜん興味を持てなかったことを思えば、大きな変化と言えた。英語圏やフランス語圏の文化を調べてみると、日本よりもずっと開明的で、先進的な印象を受けることがたびたびあった。それらの国に行けば、じぶんにふさわしい場所があるかもしれない。そのようにミノルは期待したのだ。

ミノルは世界旅行を志して、アルバイトと貯金を始めた。倉庫整理の業務に応募して、採用された。平日は夕方三時間、土日祝日は八時間も働いた。発達障害者のミノルには、負担の大きな労働だった。上司や同僚と会話していても、コミュニケーション障害のあるミノルには、要点がわからないことが多いのだ。注意の仕方が集中的でないから、さまざまな失敗もして、店長から叱られた。しかし、なんとかしてじぶんの夢を叶えたいという思いが、ミノルに歯を食いしばらせた。そうやってお金を貯めて、足りないぶんは両親に頼んで、目標の金額を達成した。

すでに「論執」の授業が日常的におこなわれていた一四年生の夏休み、一九歳の夏に、ミノルは世界のさまざまな国を訪れた。アメリカとイギリスという英語圏、フランス、ドイツ、イタリア、スペインなどヨーロッパの国々、アフリカとアジアのいくつかの英語圏とフランス語圏を経由して、日本に戻るという大がかりなものだった。ただし予算には限りがあるから、ひとつの国で訪れる街は原則として一ヶ所、多くても二ヶ所という具合で、滞在期間もひとつの街に二日や三日ということが多かった。

旅行では、非常に多くの景観や人々を見ることができた。英語とフランス語を駆使して、積極的に口頭コミュニケーションに挑戦もした。結果としてミノルは、発達障害の診断を受けたときと同じくらいの挫折感を抱くことになった。海球上のどこの国に行っても、じぶんの困難は変わらなかった。どこに行っても「空気が読めない」。もちろん、外国だからという事情はある。文化的あるいは社会的な環境が異なれば、その新しい世界の文脈、つまり「空気」を読むのは、誰にとっても難しい。しかしミノルの場合には、問題はもっと根本的だった。彼が「空気を読めない」のは、なによりもまず、標準発達者とは認知のあり方が異なり、感じ方や考え方にズレのある発達障害者だからだ。それで彼は、どこの国に行っても「はみだし者」になった。もちろん、世界中の一部の国にしか行っていないけれど、おそらく別の国に行っても事情は変わらないだろうということは、ミノルには確信されてならなかった。

呆然として帰国しながら、ミノルは「どうしよう」と涙声になった。「高探」から「論執」まで、多くの時間をフランス語学習に当ててきて、帰国したら今回の世界旅行についての分析をやって、修業論文を実際に書いていく予定だった。ミノルは「日本が発達障害者にとってもっと生きやすい国になるには――海外体験を手がかりとして」という題目で、その論文を書こうと考えていた。しかし体験した内容からは、とてもそのような論文を書くことはできそうになかった。どこの国に行っても、ミノルは発達障害者としての困難に直面してばかりだったからだ。

ミノルは頭を切りかえなければならないと考えた。最近、SNSで発達界隈——発達障害者やその家族、支援者などのクラスター——の言説を見ていると「脳の多様性」(ニューロダイバーシティ)という言葉が眼につくようになっていた。発達障害者を脳神経のあり方が少数派の側、標準発達者を脳神経のあり方が多数派の側と位置づけて、発達障害に対する社会の認識を更新していこうという運動で、海外の自閉症スペクトラム障害者が権利要求運動の標語として使ったものが、広まったようだ。しかしミノルの知識では、このテーマに切りこむのは困難な状況だった。

ミノルは「高探」の時間に配られた過去のプリントをていねいにバインダーに綴じ、保存していた。それらをめくって、じぶんの興味を引くものがないかと改めて探した。残念ながら、心に引っかかりそうな本は何も見つからない。ミノルは去年まで三年連続で高探の担当だったセヤマ先生に相談に行った。現在のクラス担任のウミノ先生は標準発達者で、相談しづらいと感じることが多かったのだ。

「マナベくんは音楽や体育の授業で優秀だったよね」

職員室でセヤマ先生はまずはそのように言った。ミノルは自信がなさそうにうなずく。得意と言っても、抜群に優秀というわけではないから、はっきり首肯できない。音楽やスポーツにそれなりに取りくむのは好きだけれども、その方面での特別な才能がじぶんにあって、その才能を活かした仕事に就ける、という見通しを持つほどミノルはじぶんを過大評価していなかった。じつは特別支援学級に入ってから、「高探」で音楽やスポーツに関する本がプリントで紹介されても、現物をあえて手に取らないできた。ミノルの心中を察しているかどうかはわからないけれど、セヤマ先生は言った。

「これを読んでみると良いかもしれない。なんだかマナベくんには向いているんじゃないかという気がするんだ」

そう言ってセヤマ先生は、ミノルに『はてしなく歌え！　踊れ！　はしゃげ！』という書名の本を渡してきた。セヤマ先生はこの本をしばらく読んで、ミノルに紹介しようと考えていたのだけれど、注意欠陥・多動性障害のために何度も忘れてしまったんだと笑って説明し、「申し訳ない」と謝った。ミノルは本を受けとって、ジャケットを飾っているパブロ・ピカソの『バッカス祭』の絵を――そういう名前の絵だとは知らなかったけれど――見つめ、それからページをめくって目次を見ながら先生に質問した。

「どういう本ですか？　小説？」

セヤマ先生は笑顔を見せながら答える。

「うん。これはインド洋にあるマアモっていう島の出身の詩人が書いたものなんだ。最後の訳者解説にも書いてあるけど、ノーベル文学賞の候補者のひとりと目されたこともあったらしい。なんだかすごく不思議な小説でね。出てくる人たちが独特というか。読んでいるとマナベくんやツカタニさんの顔が思いうかんでくるんだ」

ミノルの体は一瞬、ビクリと震えた。ツカタニさんとは、ミサキちゃんのことだ。特別支援学級に入って以来、ミノルはひそかにミサキちゃんのことを避けてきた。観察すれば観察するほど、ミノルはミサキちゃんとじぶんがよく似ていると感じたし、そのように思うのは、まわりの人たちも同様だと知っていた。ミノルは一緒にいることで、じぶんたちが似た者同士としてセットで扱われるのは、なんだかザツに十把一絡げにされているようで楽しくなかったし、なによりミサキちゃんがそのように感じて、不快になるのではないかとも気を遣った。それでミノルはミサキちゃんには必要最低限に接するように注意していて、ミサキちゃんもどれほど事情を察しているかはわからないけれど、その距離感を尊重してくれている。そういうわけだから、「ミイくんとミサキちゃん」などのように、両名をまとめて呼ぶ場面ではつい身構えてしまったし、いまもまさにそうなのだった。

「まあ、読んでみてよ」

そうセヤマ先生は言って、やってきた別の生徒の質問に対応を始めた。ミノルはその日、帰宅してからなかなかその本を開こうとしなかったのだが、それはその本によって受けるかもしれない衝撃を警戒してのことだった。しかし先生が勧めてくれた本を読まないで済ませることは、他人を気遣いすぎるミノルにはどうしてもできない。それでさまざまな宿題をこなしたあとに、その本をめくりはじめた。それはミノルにとって、ほんとうに奇妙な読書体験になった。というのもミノルの心は、その本で語られる物語に、冒頭から異様なほど釘づけになってしまったのだ。

描かれているのは、作者の出身地マアモ島を舞台とした四〇代の男女の恋愛模様だった。夫と別居中の女性が、二〇年ほど前、女子大生だった頃に友人として交流した同い年の男性と再会し、熱烈な恋情に溺れていくという筋が展開する。当然ながら、その物語自体は一〇代後半のミノルにとって直接的に関心を引くものではない。登場人物の多くは、むしろミノルの父母の現在の年齢に近く、その意味ではミノルに同世代同士の共感のようなものが湧くはずはなかった。それなのに、ミノルはその登場人物たちにまさしく十全な共感を抱いた。しかも、その共感は主人公たちの恋愛感情に対するものではなかった。そうではなくて、彼らの基本的な感じ方や考え方に対して、ミノルはひとごととは思えないのだった。そう、セヤマ先生が言っていたとおり、たしかにこの本を読んでいると、ミノルはじぶん自身やミサキちゃんのことを連想してしまった。

ミノルは興奮しながら物語を読みおえた。小説を読んでこんなに興奮することは、ミノルには滅多にないことだった。いや、その言い方は不正確だ。実質的にこの小説は、これまでにミノルが摂取してきた映画、テレビドラマ、アニメ、マンガ、音楽のどの作品を考えてみても、あらゆるジャンルの創作物のなかで、あきらかにナンバーワンのものだと思われた。じぶんが小説にこんなに夢中になれるとは想像もしたことがなかったミノルは、訳者解説もむさぼるように読んだ。作者のクリシュナ・プラダーンはすでに故人で、一〇年以上前に五〇代で亡くなっていた。おそらく彼が自閉症スペクトラム障害者だっただろうことは、すぐに推測できた。でなければ、こんな小説を書けるはずがない。

翌日ミノルは、昼休みに学校の図書室に行って、クリシュナ・プラダーンのほかの小説を探してみたけれど、一冊も収蔵されていなかった。それでミノルは職員室に行って、大声を出さないように注意しながら、声をひそめつつセヤマ先生に感想を口早にしゃべった。こんなにすごい作品に出会ったことがない、ほかにも読みたいけれど、図書室にないから残念だと言ったのだ。するとセヤマ先生は、近くにある市の中央図書館に行けば、かなり揃っているのではないかな、と教えてくれた。ミノルはこれまでに公共図書館を利用したことはなかったけれど、下校の時間になると自転車を漕いで、中央図書館に向かった。コンピューターの端末で調べると、一冊のエッセイ集が書庫に配架されていた。

ミノルはそのエッセイ集を出納してもらったが、待ち時間はなんともジリジリさせられた。読んでみてガッカリしたらどうしようかと不安だった。出納された本を受けとって、机に座ってから、宝箱を開くような思いで、ゆっくりとページをめくって読んだ。ミノルはそこで語られている作者の身辺雑記に、ふたたびのめりこんだ。ミサキちゃんの場合には、じぶんたちは偶然の結果として似ているのだというような感覚があった。それはもしかすると、ミノルがミサキちゃんに異性としての魅力を感じなかったから、つまりどことなく本格的には関心を持てないところがあったからかもしれない。しかしクリシュナ・プラダーンの小説やエッセイには、まさに彼の本はじぶんのために書かれたのだという確信のようなものを感じた。もちろん、その確信は錯覚だ。作者はミノルが小さい頃に、面識を得ることもなく、遠い外国で亡くなったのだから。それでもミノルは、この作家に対して、運命なのだとしか思えないほど取り憑かれてしまった。そして読めば読むほど、じぶんの人生がこの作家が放った日差しによって、輪郭がくっきりとなるように照らされていると感じるのだった。

ミノルはオンライン書店を利用してクリシュナ・プラダーンの作品を探した。セヤマ先生が貸してくれた小説、図書館で借りたエッセイ集のほかには、詩集が一冊だけ出ていた。小説だけが新品で購入でき、エッセイ集と詩集はすでに絶版になっていた。日本語に翻訳されたクリシュナ・プラダーンの本はこの三冊ということになる。オンライン百科事典を検索すると、プラダーンに関する日本語の項目はまだ存在しなかった。それでミノルは英語版の記事を読んだ。その項目にしても、それほど長いものではなかった。プラダーンは少数言語のマアモ語を母語とし、英語でも全作品が翻訳されているわけではなかった。ミノルは、日本語には翻訳されていないけれど、英語には翻訳されている小説一冊と詩集一冊をオンライン書店で注文した。加えて、マアモ語をぜひ学んで、プラダーンの作品をなんとかして原語で読みたいと強く願った。ミノルは夢中になって、『マアモ語入門』のような本が出ていないかと、オンラインの書店や古書店で検索し、なんとかフランス語で書かれた『マアモ語――文法と会話』というそれらしい本を知った。フランス語を懸命に勉強してきたミノルとしては、もちろんこれに飛びつかないわけがなかった。

以来、ミノルの人生の指針は決まった。それまで文学作品というものにほとんど興味がなかったのとは対照的に、ミノルはプラダーンの作品について詳しく検討し、その思想を明らかにすることを修業研究のテーマに設定したのだった。そして、その先に義務化された大学院での専門を、マアモ島でのフィールドワークにもとづいた文化人類学に定めた。プラダーンの作品に魅了されていたとはいえ、ほとんどの作家や詩人の作品には関心が持てなかったから、大学院で文学作品を本格的に研究するのはためらわれたのだ。まず修業研究でプラダーンについての理解を深め、大学院ではマアモ島での調査をプラダーン研究を反映させながら仕上げていく。これがミノルの構想だった。セヤマ先生に話してみると、先生はこの計画を大いに賞賛してくれた。

「ついにマナベくんにも夢中になれるものが見つかったんだね」

セヤマ先生の声は明らかに少しうわずっていた。じぶんが受けもっていた特別支援学級の子どもたちのうち、彼はひそかにミノルのことをいちばん心配していた。ほかの自閉症スペクトラム障害児の生徒としてはミサキちゃんもいたけれど、彼女は看護師になりたいという夢をますます固めて、看護について熱心に学ぶようになっていた。特別支援学級の大半を占める注意欠陥・多動性障害の生徒たちは、自閉症スペクトラム障害児よりも標準発達児に似ているところがあって、興味関心が定まりにくくて困ることはない。つまりミノルだけが、この学級で「格段の配慮が必要な児童」と呼ばれ、手厚い支援が必要と見なされていたのだった。一時期には英語やフランス語に打ちこんでいたけれど、ミノルが迷いながらそれらに向きあっていることは明らかで、その不安そうな様子から教師たちも全力で応援するには至らなかった。実際、世界旅行を経て、ミノルはふたたび目標喪失状態に陥ってしまった。そのミノルが、ついにじぶんなりに夢中になれるものを見つけることができたのだ。

じつはこの数年間、診断を受ける少し前から、ミノルは不眠傾向に悩んできた。プラダーンの作品に出会ってからは、不眠からすっかり解放された。「論執」の時間にプラダーンの作品を日本語でも英語でも精読し、プラダーン研究の専門書や学術論文は手に入らなかったけれど、ウミノ先生に先行研究が少ない場合の書き方に関する工夫を教えてもらって、修業論文の執筆を進めた。余暇には、フランス語をつうじてマアモ語の文法や語彙を学んだ。小説『はてしなく歌え！　踊れ！　はしゃげ！』に関してはマアモ語の原典を、海外のオンライン古書店で入手することができた。ページをめくっていると、ほとんど読めなかったけれど、向学心がむくむくと湧いた。ほかの一般的な科目については「おまけ」程度にやっていたものの、一四年生と一五年生ではカリキュラム編成自体が、それらの科目を「おまけ」のように配置していたし、標準発達児たちもそれらの科目を「おまけ」としてこなしていた。海球では、それぞれの生徒は専門的な勉強に集中するように推奨されているからだ。

一五年生になると、ミノルは修業論文を着実に書きすすめた。日本語に訳されたプラダーンの本の解説を総合し、英訳の本に載っていた長大なプラダーン論を検討し、新しい観点を提示した。プラダーンの本のうち、英訳があって日本語訳のない短編小説「世界との戯れ」を、英訳を参考にしながらマアモ語から訳しおろして、参考資料として論文に添付した。提出の数ヶ月前に開催される中間発表会でも、提出後の公開審査会でもミノルは理想的なプレゼンテーションに成功した。しかし審査してくれた教師たちはいずれも、「今回この作家の本を初めて読んだけれど、どのあたりでそんなに魅力を感じているか、わからない」とか、「じぶんだけがわかるのじゃなくて、もっと広く理解されるような論文を書く訓練をすべきだ」といった苦言を呈していた。ミノルは審査会のあいだ顔を歪めて、それらの講評を聞いていた。

すると主査を務めてくれたセヤマ先生が最後に発言して、ほかの教師たちに向かって、これは非常に画期的な論文で、何よりもミノルという自閉症スペクトラム障害者の固有の世界観を、修業論文の段階でこれだけ緻密に立ちあげてみせることは、ほかのたいていのクラスメイトにできなかったことだ、と述べた。つまり、できあがった論文は自閉症スペクトラム障害を理解するためにも好適だというのだった。ミノルはプロの文学研究者になりたいわけではないから、文学研究として低い評価を受けても不満足に感じることはなかった。むしろ、誤解されることの多い自閉症スペクトラム障害について、当事者の側からまとまった見取り図を示せたことで、「やるべきことをやった」と思えた。審査員たちの様子から、高い評価を受けることは諦めていたけれど、セヤマ先生の力説が奏功して、修業論文の評点は上位になり、特別支援学級の生徒が書いたものとしては画期的だと評判になった。

一六年生にあがる前の春休みに、新年度から変わらず担任になる予定のウミノ先生、新学年の学年主任を務めるフクダ先生、ミノルの両親、ミノルとで三者面談が開かれた。フクダ先生から、このまま特別支援学級に在籍しているよりも、通常学級に戻ってはどうか、という学校側の提案が示された。面談後にセヤマ先生に相談しに行ったけれどセヤマ先生も賛成していて、あれほどの修業論文を書けるのならば、そしてこの先の五年間で、より専門的な勉強をしていくのだから、通常学級でも充分にやっていけるのではないか、とセヤマ先生は語った。セヤマ先生の顔つきからは、ミノルの未来を祝福している様子が伝わってくる。

ミノルは一〇日ほど悩んだが、結局は特別支援学級に在籍したままでいることを選んだ。第一には、セヤマ先生のことを敬愛していて、担任ではないけれど、よく相談に乗ってもらっていて、その立場から離れたくなかったということがある。第二には、転入当初は関係づくりをどうするかと緊張したけれど、特別支援学級のクラスメイトは、いまでは「たいせつな仲間」と思えるようになっていた、ということがある。そして第三には、特別支援学級のほうが、通常学級よりも履修上の制約が少ないということがあった。特別支援学級では主専攻のほかにひとつの副専攻を選んで、必要な単位を揃えなければならない。専攻をひとつに絞らないことで、興味関心が絞られていない生徒たちを救済するのが目的だった。これに対して通常学級では、ひとつの主専攻に没頭しなければならないことになっている。ミノルは修業論文では文学研究をやったけれど、今後は文化人類学をやっていきたいから、この分野を主専攻として選び、副専攻として比較言語学を学ぶことで、プラダーンの母語にあたるマアモ語への理解を深めようと思ったのだ。

ミノルが一六年生になると、ミノルの父がミノルの学校の生徒になった。義務教育が延長されたことで、政府によって既卒者たちに推奨された「旧大学院課程の学びなおし」に、父は取りくもうと考えたのだった。学校にはそのような年長者がたくさん押しよせてきていて、政府は新たに「義務教育追加五年分専門スクール」（略称「追加学校」）と呼ばれる特殊学校も全国に設立していた。社会人が、新たに義務化された旧大学院課程の五年分を、働きながら修学することができるように設計された学校だ。それぞれの人生設計に合わせて、最長で一五年かけて、五年間の教育課程を学ぶことができる仕組みになっている。

しかし、ミノルの家では父が勤め先から退職することを決断し、ミノルが通っているのと同じ学校に再入学してきた。「かつてじぶんが学んだのと同じ学校でふたたび学べるなんて、最高じゃないか」と言うのだった。さいわい、貯蓄は充分にあった。ミノルが診断されたのち、ミノルの父も発達障害の検査を受けたのだが、「己開症スペクトラム障害のグレーゾーン」という微妙な診断がおりた。己開症スペクトラム障害の特性は随所に現れているのだが、日常生活での困り事が少なく、社会が当人にとって障害化していないというのが、診断理由だった。そんなわけだから、父は通常学級に収まることになった。「ミノルのクラスメイトじゃなくて残念だ」と冗談を言っていたけれど、ミノルは、父がミノルのクラスメイトにならないで済むという事情があるからこそ、同じ学校に再入学したのだと想像している。というのも、ミノルが一六年生以降も特別支援学級に所属すると決めたすぐあとに、父は退職と再入学を決めたからだ。

いずれにしても、父には今後の五年間で学びたい内容がはっきりしていて、卒業後にはこれまでの職業経験と、五年間で新たに学んだ専門知識を活用して、営業代行会社を起業したいという目標を語っていた。ミノルの母は、もともと大学院を出ていたので、再入学する必要がなかった。しかし社会の仕組みが大きく変わる時期に来ているから、じぶんも新しい仕事を考えてみたい、と家で語っていた。これまではテレワークでできるキャリアコンサルタント業を手がけてきたのだけれど、義務教育の年数が伸びたことで、人々の人生設計や職業選択が大きく変わっていくことになるはずだ。それに対応するために、仕事仲間とのさまざまな講習や研修をこなしているようだった。

ミノルの大学院での勉強は順調に始まった。プラダーンの本のマアモ語原典を、日本語訳、英訳、フランス語訳と比較することで、だんだんと理解できるようになった。ドイツ語や中国語で書かれたプラダーン作品やマアモ語に関する専門論文を発見して、それらをじっくり読んでいた。中国語やドイツ語はほとんど勉強してこなかったけれど、ますます発展しつつある翻訳サイトや翻訳アプリを使えば、それなりに理解することができるものだ。加えて、中国語は字面だけは日本語にかなり似ているし、ドイツ語も英語やフランス語に似た言語だ。中国語やドイツ語の文法書や辞書をめくりながら、機械翻訳がうまくいかなかった箇所を再考し、推理を進めた。ときには外国語学習者向けのSNSをつうじて知りあった、それぞれの言語の母語話者に難読箇所について尋ねることもあった。マアモ語の母語話者に出会えれば最高だったけれど、彼らとはついにインターネット上では出会えなかった。マアモ島の人口が一〇万人程度だということを思えば、不思議ではないかもしれない。

大学院の二年目の春に、日本学術振興会の特別研究員を志望する書類を書いて、提出した。書類は前年の秋から、合格した先輩たちの書類をセヤマ先生に見せてもらって、推敲を重ねて仕上げた。修業論文の概要、その後の研究の進展を要約し、マアモ島への現地調査を希望する内容だった。将来はプラダーン作品を含めてマアモ島の文化を包括的に理解する研究者になりたい、この分野の専門家になることは、日本人として初の試みだと強調した。

その際、マアモ島の住民の思考方式がいかに非標準的かということを示すために、ミノルは「海球」の呼び方について解説した。海球がかつて「地球」と呼ばれていたことは多くの人が知っているとおりだけれど、科学が発展して地球の表面の七割が海だという知見が明らかになったことで、「地球」という呼称は不適切と見なされ、「海球」に置きかわったという経緯がある。日本語でもそうだし、英語でも〈earth〉は〈marine〉に変わった。この言葉はもとは形容詞で、名詞としては海軍や海兵を指していたが、新たに「海球」の意味が加わったのだった。ほかの国での話もだいたい事情は同じなのだが、マアモ島ではそのような呼びかえがされなくて、いまでも「地球」にあたる語でこの惑星を呼んでいるらしい。

秋になって、学校の事務室を通じて、特別研究員に採用されたという通知があった。ミノルはさっそく研究計画書を執筆し、事務室をつうじて日本学術振興会に提出した。一八年生の一年間、マアモ島で研究調査をすると説明する内容で、その期間にミノルは毎年生活費と研究費を得ながら暮らすことになる。それから帰国して、一九年生から二〇年生までの二年間で博士論文を書いて学位を得る。すでに学術振興会の特別研究員としての身分が内定していたし、その申請内容は応募時の内容と大差ないものだったから、学術振興会で問題なく承認された。

冬になり、春が来た。ミノルはますますマアモ語の学習に注力し、あとは現地でも語学学校に通えば、まずまず生活していけるのではないかと思われた。英語やフランス語がどのくらい通用するかはわからないけれど、犯罪率が高いということはないようだから、それなりに安心な日常生活を営めるだろう。インド洋上にあって、気候は亜熱帯だから、冬の支度はそんなにやらなくても良い。荷物が軽いのは大助かりだった。

一八年生の四月、二二歳の春に、両親に見送られながら、ミノルは空港に向かった。羽田空港からインドのムンバイまでジャンボジェット機で飛び、そこから小型飛行機でマアモ島に行く。飛行機から海上に浮かぶ島を見下ろすことができたけれど、期待に反して、なんとなく冴えない印象の島に見えた。でも実際に生活してみないと、どんな場所かはわからない。ミノルは不安と希望の両方に包まれながら、飛行場で旅客機から降りて、島の空港へと入っていった。

解説③

診断を受けたミノルは、一時の虚脱状態を経て「自分探し」を始めました。具体的には、発達障害や自閉症スペクトラム障害について学び始めたのです。こういった一連の流れは、地球で発達障害の診断を受けた人たちにも多く見られる行動のように思います。それはつまり、著者であるマコトさんが体験したことでもあるでしょう。

その結果、海球における発達障害に関する様々な知識が説明されていますが、あくまで海球における発達障害の知識ですので、地球の発達障害と共通する部分と異なっている部分の両方があります。そのため、海球と地球の違いについて整理し解説しておく必要があるでしょう。それはきっと、マコトさんが一体どんな世界を描き出したのかについての考察でもあります。

海球と地球の違い

まずは「発達障害」の関連用語について。物語の中では「〇〇症」という表現が「〇〇障害」へと変化したというエピソードが語られています。この流れは地球、というより日本における表記の流れとは真逆の展開です。例えば日本精神神経学会が二〇一四年に発表した翻訳ガイドラインでは、Autism Spectrum Disorderを自閉スペクトラム症とする「新しい翻訳」が提示され、同年に公刊されたDSM-5日本語版では、「自閉スペクトラム障害」と「自閉スペクトラム症」が併記されることになりました。そしてその後二〇二三年に公刊された最新の診断基準（DSM-5-TR日本語版）では、自閉スペクトラム症という表記に統一される流れとなっています。[1]障害という言葉は、固定的で変化に乏しい語感があり、症という言葉はよりその意味合いがマイルドに感じられる言葉かと思います。地球と海球において、推奨される表現の順番が入れ替わっていることに、海球ならではの考え方が表現されているように思います。ちなみに新しい翻訳では発達障害そのものも「神経発達症」という訳に変わっています。ですが、この「症」表記の社会的な認知はまだまだ進んでいないように思います。そのためこの解説では従来訳である「自閉スペクトラム障害」を使用しています。

次に、己開症スペクトラム障害（Allism Spectrum Disorder）という用語についても整理します。もちろん己開症は海球独自の発達障害なのですが、略語がどちらもASDとなるなど、自閉症スペクトラム障害の対になる概念として強く意識されていることがわかります。ちなみに物語の中に己開症スペクトラム障害の診断基準が出てきますが、構成はほぼ「自閉症スペクトラム障害」の実際の診断基準（DSM-5-TR）と同じです（もちろん書かれている中身は変わっています）。興味深いのは、反対語であるはずの自閉症の歴史と一部重なって描かれているところです。共通しているのは、Autism（自閉）とAllism（己開）がどちらも、精神疾患の一種である統合失調症の症状に関する用語が語源となっているところです。私はこの設定を読んだときに、ちょっと声を出してうなってしまいました。なぜならば、とても「それっぽい」からです。もちろん、地球の歴史においてAllismという言葉が統合失調症の議論で用いられた事実はありません。ですが、感情表現や意欲の低下などのいわゆる陰性症状とされる部分が自閉と表現されるのなら、幻聴や妄想などの陽性症状とされる部分が己開と表現されることが起こっていても不思議はないように思いました。もっと言うと、自閉スペクトラム者が圧倒的多数の社会ならば、かなり高い確率でそのように表現される気がしてくるから不思議です。ちなみに、実は地球のニューロダイバーシティ運動においても、Allismという言葉が一部の自閉スペクトラム者によって、「自閉症でない人」を意味する言葉として用いられることがあります。

共通する部分だけでなく、違っている部分についても整理しておきましょう。己開症はＡＤＨＤからの発生で最近になって生まれた障害概念とされています。この点は地球の自閉症とは大きく異なった歴史として描かれています。自閉症の歴史は地球において八〇年ほどありますし、ＡＤＨＤとは歴史的に見てもまったく異なる背景で独自の発展を遂げた概念です。とても印象的だと感じたのは、海球ではＡＤＨＤが発達障害の中核概念として描かれていることです。地球においては自閉症スペクトラム障害がそう考えられてきました。それゆえ、以前の診断基準では多領域に影響を与える発達障害というニュアンスで、広汎性発達障害という言葉が用いられていた時代もありました。物語ではどうやら広汎性発達障害という言葉は、ＡＤＨＤを中核とした言葉として使われているようです。これはきっと、ＡＤＨＤを色濃く「併発」し、不注意や衝動的な行動のエピソードを多く持っているマコトさんならではの感覚なのではないかと思います。自閉スペクトラム者が多数派の社会では、「定型発達者」の困難は不注意のほうが先に目立ち、社会性の困難が遅れて注目されるだろうとマコトさんは考えたのでしょう。

「あるべき姿」の違い

ここまで、発達障害関連用語について海球と地球の違いを述べてきました。ですが違っているのは言葉の使い方だけではありません。もっと重要な違いが物語の中に何度も繰り返し描かれています。それはより根本的な価値観の違いです。例えば海球では、物事に没頭することが人間の「あるべき姿」だと強く考えられています。地球においても、何か一つの物事に没頭し身を捧げることを肯定的に捉える価値観は存在しますが、それができない人を「障害がある」と考えることはないでしょう。しかしながら、海球においてはそれがないことが即ち「障害」とされるくらいに、人間に絶対的に必要な要素として捉えられています。

そしてこういった「人間に求めるもの」「あるべき姿」の違いは、社会制度や社会常識の違いを生み出しています。例えば、海球の学校ではずいぶん前から「探究」の時間が設定されることが常識のようです。さらに地球と違うのは、その探究の時間は一人一人が自分の世界に没頭することが求められていて、他者との対話や協働はあまり重視されていないことです。物事の探究には時間がかかりますので、二〇歳までが義務教育とされ、その後五年制の大学院に進学することが「当たり前」の社会です。大学院進学が義務化されるという描写がありますが、地球においてはそんなことが議論されることすらないでしょう。海球世界では、「人間とは発達の過程において、何らかのテーマを見つけ人生をかけて探究するものだ」という人間観が存在しているのです。逆に言うと、そうできない人は人として大切な何かの遅れや欠如を伴う「障害者」であると考えられる社会です。

こういった価値観や行動規範は、海球人たちの脳や神経の働き方によって形作られています。前章の解説でお伝えしたソーシャルモチベーション仮説を思い出してください。自閉スペクトラム者は人間に関連する情報、例えば笑顔などでは脳内報酬系回路があまり活性化しない傾向があります。では一体何に対して報酬系回路が活性化するのか、実はそれも研究されています。[2]ある研究では提示する情報を、社会的（笑顔）、非社会的（お金）、限定された興味（車、電車など）に分けて調査し、限定された興味において報酬系回路がむしろ強く活性化することを報告しています。結論としては、自閉スペクトラムの人たちは、人の顔にもお金にも報酬系回路が反応しないけれど、自分の好きなものには反応したという、なんとも当たり前な結論です。ただ、私に言わせると提示情報を「限定された興味」などと分類するのは非常に失礼な話です。そこには、人間として「普通ではない」変わったもの、おかしなものに強い執着をみせているという前提があるからです。一方で海球においては、社会的な情報に対して強い関心を向けることが「限定された興味」とされることになるでしょう。つまり多数派が興味を持たないものを恣意的に「病的な限定」と定めているだけの話なのです。

私はこのことを普段、「にんげん」と「ものごと」のどちらに先に出会う人たちなのかと表現しています。重要なことは、「ものごと」に自然な関心や意欲（報酬系回路の活性化）が向かう可能性の高い人たちが、人間を拒否し、人と関わることを避ける人たちではないということです。それは「にんげん」を特別扱いする脳の持ち主でも「ものごと」に没頭する人が少なからずおられることと同じです。ただ、脳や神経の働き方の違いにより、どちらに先に無意識の関心が向くのか、またどんな姿を「あるべき姿」と感じやすいのかが、違うということなのです。

脳や神経由来の文化

脳や神経の働き方の違いは、その人の「価値観」や「行動規範」に大きな影響を与えます。ニューロダイバーシティ運動では、そのことを早くから「文化」と表現していました。私自身も、脳や神経由来の文化という視点を強く支持する一人です。私は自閉スペクトラムの子どもたちの発想や価値観、行動パターンに多く触れることで、この違いは「文化の違い」としか言いようがないと思い至りました。後に遠く海を隔てた自閉スペクトラム成人の方たちが、「自閉文化（Autistic culture）」という言葉を使っていることを知ったときに深く感動したことを今でも覚えています。そして私はより深い実感と自信を持って自閉文化を語れる人間になりたいと思い、日本の自閉スペクトラム者の方たちと自閉文化を語るオンラインコミュニティを立ち上げました。すでにお伝えしたとおり、マコトさんとの出会いのきっかけです。今では「自閉文化を語る会」の活動は、私のとても大切なライフワークの一つとなっています。

重要な視点として、この考え方は一人一人の個性やニーズ、さらには困難の多様性を否定しません。日本とアメリカに明確な「文化の違い」が存在することと、日本人とアメリカ人にそれぞれいろいろな人がいることが両立することと同じです。異文化者同士がうまく付き合っていくためには、一人一人個性を尊重しつつも、背景にある文化の違いにも目配りしなくてはなりません。そう考えると、「発達障害」と呼ばれる社会課題は、能力の劣った人を社会にどう受け入れるかという問題ではなく、脳や神経由来の文化的少数者がどのように生きていくのかという問題と考えるほうが、はるかに有意義で、課題解決に役立つのだと思います。別の表現をすると、異文化相互理解問題や異文化コミュニケーションの問題と言うこともできるでしょう。重要なことは、一度優劣の視点から離れてフラットに「違い」を理解しようとすることです。

もう一つ、「自閉文化」に影響を与えているであろう、特性の話をさせてください。

あまり専門的に詳細な話はここでは省きますが、自閉スペクトラム者は「目の前の物理的な情報に可能な限り忠実な情報処理」を行う特徴があると考えられています。そういった情報処理特性の結果として、論理的整合性を重視する傾向（強化された合理性[3]：enhanced rationality）があることも確かめられています。もう少しかみ砕いて言うならば、感覚的、直観的に物事を考えるよりも、時間をかけて論理を検証するような思考スタイルを好むということです。また、物事を判断するときのバイアスが少ないこともわかっています。

〈科学が発展して地球の表面の七割が海だという知見が明らかになったことで、「地球」という呼称は不適切と見なされ、「海球」に置きかわった〉

海球という星の呼び方に、論理的整合性を重視する「自閉文化」がとてもよくあらわれていると思いませんか？　論理的整合性を重視するならば、表面の大半が海である星を、地球と呼ぶことはとても気持ち悪いことです。ただし誤解のないようにお伝えしておくと、このことはあくまで自閉スペクトラム者が「論理的整合性を重視する思考を好む」という傾向を言っているだけで、「論理的思考に優れている、得意である」ということは言っていないこともお伝えしておきます。優れた論理を適切な場面で使いこなす人もいれば、独りよがりで検証不可能な論理を、振りかざすようにしか用いることができない人もいるでしょう。能力の違いではなく、あくまで価値観や行動規範の話です。

ミノルはこの「文化の違い」の違和感を、日本という国が自分に合っていないからではないかと考えました。そして実際に様々な国に行ってみたのですが、結果は予想と違いました。

〈海球上のどこの国に行っても、自分の困難は変わらなかった。どこに行っても「空気が読めない」〉

実はこのエピソード、マコトさんが実際に体験したことです。マコトさんも日本が自分に合わないのだと考えて外国語を学び、たくさんの国を訪れました。最終的には外国文学の研究者にまでなりました。けれども国や民族に由来する文化の違いの問題ではなかったのです。他にも似たような話はたくさんあります。私の友人の自閉スペクトラム者の方は、初対面の外国人と「自閉あるある」でものすごく盛り上がり、脳や神経の働き方由来の文化の影響力の大きさを痛感したとおっしゃっていました。

マアモ島への期待

そんなミノルにも転機が訪れます。自分と「似ている存在」との出会いです。その出会いを文学を通じた出会いとして描くところに、マコトさんのこだわりを私は感じました。それはきっと、インターネットを通じて仲間と初めて出会った、地球の自閉スペクトラム者たちと同じ体験なのでしょう。そしてついに、マアモ島へと足を踏み入れることになったのです。そこで一体どんな出会いがあり、どんな体験が待ち受けているのか、ミノルと一緒に期待しながら物語を読み進めて参りましょう。

注

1 American Psychiatric Association 編／日本精神神経学会日本語版用語監修／髙橋三郎・大野裕監訳（2023）『ＤＳＭ-５-ＴＲ　精神疾患の診断・統計マニュアル』医学書院。
2 Clements, C. C., Zoltowski, A. R., Yankowitz, L. D., Yerys, B. E., Schultz, R. T., & Herrington, J. D. (2018). Evaluation of the social motivation hypothesis of autism: A systematic review

and meta-analysis. *JAMA Psychiatry*, 75(8), pp. 797–808.

3 Rozenkrantz, L., D'Mello, A. M., & Gabrieli, J. D. E.（2021）. Enhanced rationality in autism spectrum disorder. *Trends in Cognitive Sciences*, 25(8), pp. 685–696.

Ⅳ

じつを言えば、飛行機に乗る前にも飛行機内でも、ミノルは搭乗客やスタッフの一部から、異様な雰囲気を感じていた。なにか異変が起きているという予感がひしひしと押しよせてきていた。飛行機が離陸して、ミノルたち乗客が機内から降り、空港のなかを歩いて、キャリーバッグを回収するあいだに、ミノルの心のなかで異様の念はふくらむばかりだった。空港のロビーに出ると、その違和感は爆発寸前に高まっていた。

「うーん……」

ミノルは確信しながら思わず絶句してしまった。こんなことがあるのだろうか。おそらく道ゆく人々の大多数が、このマアモ島の住人と思われた。彼らはミノルの身近にいる日本人とあまりにも違うように見えた。否、そうではない。世界旅行をしたことがあるから言えることだが、世界のほかの土地に住む人々と、マアモ島の人々はあまりに違いすぎていた。何がどう違っていたのか。結論から言えば、この島の住人は、じぶんやミサキちゃんにずいぶんと似ていたのだ。つまり己開症スペクトラム障害者と、そのグレーゾーンの人々のような雰囲気をまとっているのだ。

ミノルは診断後に、己開症スペクトラム障害について勉強しただけでなく、ことあるごとに自己の言動を客観的に見つめなおそうとし、同じく己開症スペクトラム障害を持つミサキちゃんを、さらにはそのグレーゾーンと診断されたじぶんの父親をもひそかに観察してきた。それによって己開症スペクトラム障害の全体像を理解したいと考え、またその理解によってじぶんの人生が少しでも生きやすいものになるようにと願ってきたのだ。そんなミノルの前に、マアモ島の光景は衝撃の洪水のようなものとして押しよせてきた。人々の表情が過剰すぎる。しゃべり方や身のこなしなどに固着した印象がなく、滑らかすぎて異様な印象を与える。マアモ島について多くを学んできたのに、ミノルはこの島がこんな世界だとは思っていなかった。

ミノルは正直に言えば、じぶんもミサキちゃんもじぶんの父も、この島の人々と「同類」なのだと考えたくなかった。しかし、彼らの顔の表情や体の動かし方は、あきらかにじぶん自身や、ミサキちゃんや、また少しだけじぶんの父を連想させてやまない。その事実にミノルは圧倒され、打ちのめされたような気分になった。すぐさまミノルは、もちろんこの島こそ、かつて世界旅行をしたときにじぶんが求めていた世界そのものだと理解していた。じぶんと似た人だらけの、こういう場所があれば良いなと、たしかに思ってはいた。ところが現実にじぶんと同類に見える人々がたくさん群れて動いている様子を見ると、ミノルはむしろそこには「悪徳」のようなものを感じて、居心地が悪い気がしてしまった。「悪徳」だって？　そう、この島の人々はあまりに多くの場合、ふたり連れや、それ以上のグループで移動し、談笑していた。「ひとり遊びができない」ということで心配された、そしてあまりに他人に話しかけようとする幼い頃のじぶんが、成人してたくさんいるのを見るような不思議な気分がする。ミノルはしばらく空港のなかをあちこち歩きまわったり、店に入って人々を観察したりしてみた。しかし、ここで時間を無駄に使う余裕はない。何よりまずはじぶんの生活拠点に辿りついておかないと、落ちつかない。

ミノルはバス乗り場まで、時刻表を確認しに行った。さいわいなことに、バスは三〇分置きに運行していて、次の便は一〇分も経たずにやってくる。ミノルは乗り場の近くを歩いていく人々をさりげなく観察しつつ、異世界にやってきた衝撃から回復しようとしていた。それにしても、空港はとてもうるさかった。こんなにうるさい場所は初めてだ。待ち望んでいた世界のはずなのに、ミノルはなんとも言えない疎外感を味わっていた。

バスに乗って留学生向けの学生寮に向かったのだが、ミノルはバス内の座席の小ささに驚いた。ひとりがけの座席はじぶんの体の幅とほとんど変わらなくて、せせこましい。ふたりがけの座席もいくつかあって、いちばん後ろには四人か五人がぴったりと収まるようなシートもあった。これでは互いの体が接触して、パーソナルスペースが脅かされてしまう。いったいどうなっているのかと思うけれど、地元の住民らしき人々は、気にせず身を寄せあって座っている。日本でも、ほかの国々でも見かけたことがない光景だ。人の体と接触して、不快にならないのだろうか。

好奇心が湧いたミノルは、ふたりがけの座席が並んでいるあたりに視線を投げかけた。ある座席にひとりの乗客が座り、その隣はほかの人が座れるように空いたままにしている。ミノルはひとり用の座席からそちらに移動して腰かけてみた。座る直前、笑顔を見せながら会釈をすると、隣にいる初老の女性も同じような笑顔で会釈してくれた。じぶんが演技なく表情を見せて、相手も同じような振るまいをする。こんな体験は父やミサキちゃんのほかからは受けたことがなかった。ミノルは身を縮ませて、じっと座っていた。もちろん体がぶつからないように注意するけれども、ふとしたことで接触しそうになる。やたらと気を遣わざるをえない。どうしてパーソナルスペースの改善を検討しないのだろうか。

飛行機内からも推測できたことだが、ミノルは窓の向こうに見える街並みの殺風景さに改めて驚いた。環境意識が高いと言われているヨーロッパでは、街中がもはや森と化している。日本はこの点でだいぶ遅れていると言われるけれど、それでも街中を歩いていても、視界のどこかで大量の植物が眼に入るものだ。それに比べると、このマアモ島は、なんて街並みが汚いのだろうか。木や草はなかなか見当たらず、道の端っこに灌木などが少しあって、並木道は貧相だ。街の全体が灰色という印象がある。家屋にしても変わっている。世界のほかの場所では、建物はもっと色彩豊かに美しく、また個性的な形態でデザインされている。ところがマアモ島では、住人が色彩感覚に強い関心を持てないのか、そして居住者それぞれが固有の形態の家を持とうと望まないのか、無味乾燥で画一的な印象の家がほとんどだ。

バスを降りて、道を歩いていると、道の硬さにも気がついた。とても硬く、転んだらすぐに怪我をしそうだ。海球ではだいぶ前から、転んでも痛くないように柔軟性と耐久性を兼ねそなえた素材が開発され、道の舗装や家屋の内装に使われてきた。こんなに石やアスファルトやコンクリートばかりの道や家屋が広がっていて、まるで前近代的な世界に迷いこんだような気がする。たしかにヨーロッパなどでは、伝統建築などがかつての石材や木材のままに残されていることが多いけれど、それは観光地に限ってのことだ。一般の住宅地でこんなことはありえないし、日本ならなおさらそうだ。

歩きながらミノルは、空港やバスの車内で感じていた奇妙さのひとつに、ふと気づいた。それは短髪の女性が少ないということだ。海球のたいていの場所では、短髪の女性が七割、長髪の女性が三割というところだろう。マアモ島では、その比率が逆転している。丸坊主やベリーショートの女性に至っては、まだ一度も見かけていない。これにはどういう事情があるのだろうか。正直に言えば、ミノルは身近な女性たちがしばしば長髪を避けることに、残念な思いを抱いてきた。この種の問題に迂闊なことを言うと、性差別的として批判されてしまいかねないから、ミノルはいつもこの思いを抑えこんできたのだけれど、彼はいつでもロングヘアやセミロングの女性に愛着を覚える。ミノルの母も散髪に行くたびにスキンヘッドにして帰ってくるから、母の長髪姿を見たのは幼少時だけだ。ミノルはいつも、母がまた髪を伸ばしてくれたら良いなと願いつつ、母の趣味や価値観を尊重して、この問題に関して口を出すことを控えてきた。

寮に着いて、チャイムを鳴らすと、寮長のおじさんが出てきて、ロビーに案内してくれた。ロビーもまたせせこましく、ソファーには何人かの留学生らしき若者たちが、身を寄せあって座っていた。留学生たちは外から来たはずなのに、マアモ島のこの空間感覚に慣れてしまったということだろうか。寮長はミノルのマアモ語を耳にすると、使用言語を英語に変えた。その態度から、ミノルはじぶんのマアモ語のレベルが充分でないと実感できて残念に思ったものの、英語を使うことで寮のルールをすっかり理解できたことは、単純に良かった。寮長を見ながら、話しぶりや顔つきから判断して、この人もきっと自閉症スペクトラム障害の人だなとミノルは思った。しかし、この島の人の大半がそうならば、彼らはもはや「障害者」とは呼べないのではないだろうか。

そのあと寮長はミノルが住む部屋を案内してくれたけれど、ここも想像よりかなり狭い。

マアモ島の人々は、ほんとうにどうやって物や人にぶつからないで、生活しているのだろうか。旅の疲れを癒すために、まだ夕方だけれど、風呂に入ることにした。浴室ももちろん狭い。共同浴場でこんなに狭いものは、見たことがない。さらに言えば、空間配置といい、シャワーのノズルや、ボディソープとかシャンプー&リンスとかの容器を置いてある棚が、なんとなく使用しづらい。これではなかなか風呂に入りたくならないのではないか。そもそも風呂というのは、じぶんのように一部には熱心に入浴する人もいるけれど、多くの人にとって面倒で避けたくなるもののはずだ。こんなに入りにくくしていると、風呂は余計に敬遠されてしまう。

日が暮れかけた一七時頃、ミノルは自室よりは広い場所にいたいと思い、ロビーでぼんやりとテレビを観ていた。やってきたアジア系の留学生がマアモ語で「新入り？」と尋ねてきた。ミノルが「うん。きみはどこから来たの？」とやはりマアモ語で問いかえすと、ミャンマーの出身だと答えてくれた。たどたどしいマアモ語で話しただけだけれど、この人はまちがいなく標準発達者だと感じられた。しばらくすると寮長さんがやってきて、「今夜はここで歓迎会にしよう。ミノルはどう思う？」と発言した。ミノルとしては異存なかった。そうして、にわかに宴の夜が企画されることになった。こんなに気楽に人を集められるということにも驚いた。

ミノルがさらにびっくりしたのは、集まってきた人の多さだ。ロビーに入りきれなくて、隣接している中庭に何人も出て行って、料理を食べたり酒を飲んだりしながら歓談している。どうやら寮長は、マアモ島出身の学生たちが住んでいる別の寮にも声をかけて、こういう催しを好む若者たちを呼んでくれたようだ。「パーティーピープル」と呼ぶらしい。ノリの良すぎる人々が、ミノルには新鮮だった。持ち寄り大歓迎の方式として参加費は抑えられており、ミノルは無料にしてもらえた。

集まってきた人々を観察するのは、楽しかった。地元の人たちは、いかにも己開症スペクトラム障害者という印象で、お互いにわいわいしゃべりあっている。彼らの笑いようの過剰さ、話し方の饒舌さ、身振りの大袈裟さ、視線を合わせようとするしつこさ。どう見ても発達障害者たちばかりだ。留学生と思われる人々は、ギクシャクと対応に追われているように見えた。どこからどう見ても標準発達者だとわかる彼らは、マアモ島に来て、「脳の多様性」の少数派の側を初めて体験することになって、大いに困惑しているようだった。ミノルは己開症スペクトラム障害者だから、マアモ島では多数派の側ということになる。しかし、こんな体験をする日が来るなんて、これまで一度も想像したことがなかったから、ミノルの心のなかでは、いつまで経っても困惑がとまらない。

「はじめまして」

マアモ語でそう語りかけられて、ソファーに座っていたミノルが声のするほうを見ると、ヨーロッパ系の顔立ちをした留学生が立っていた。

「はじめまして」

ミノルが応えると、相手は笑顔でうなずいて隣に座った。相手は言った。

「こんにちは、ミノル。僕はデーヴィスという名前で、イギリス人だ。きみはもしかすると自閉症スペクトラム障害者ではない？」

ミノルは驚いて口走った。

「はい、そうですけれども。もしかしてあなたもですか」

相手は優しい笑顔を見せながら、答える。

「いえ、僕自身は標準発達なんだ。でも僕の恋人が自閉症スペクトラム障害の当事者なんだね」

デーヴィスは一呼吸を置いて、発言を続けた。

「ところで、英語のほうがいいかな？　僕の恋人がこの島の出身の作家、クリシュナ・プラダーンの本に夢中になって、僕もそれを読んだ。僕は精神医学の知見を活用した文学研究を専門にしていて、プラダーンも小説のなかの登場人物も、自閉症スペクトラム障害者なんじゃないかと感じた。プラダーンについて書かれた文書を読んでいると、プラダーンが属していたコミュニティには、己開症スペクトラム障害者が多くて、それを物語のなかで書いたのではと仮説を立てたんだ。それで博士論文のための調査として、この島に来た。ここに住んで半年ほどになる」

ミノルは急いで言った。

「はい。英語でお願いします。驚きました。ぼくもきっかけはプラダーンの本だったんです。この島にこんなに己開症スペクトラム障害者が、正確にはそのように感じさせる人がいるとは思っていませんでしたが。なにか特別な環境があって、プラダーンはあんな小説を書けたんだろうと思っていました。でも彼の作品で描かれている人間模様は、この島に住む多数派の人の現実を描いたものだったんですね」

デーヴィスはミノルの眼をじっと見て言った。

「ふうむ。そこまで僕たちの関心が一致しているとは。おもしろいね。プラダーンの作品で描かれる登場人物たちは、浮世離れしているというか、観念的で空想的だと批判されることがあるんだ。英訳本のオンライン・レビューを見ると、『キャラが嘘っぽい』って否定的に評価しているレビュアーが何人もいた。でもその登場人物たちというのは、じつはみんな己開症スペクトラム障害者で、プラダーンが体験していたリアルな世界を、かなり忠実に再現したものだという可能性があるよね。僕もまさかこの島の人が、ほとんど自閉症的な人々だとは、さすがに予想できなかったけれど」

デーヴィスの話す英語は、英語を母語としないミノルに配慮して、かなり言葉遣いを選んだものだということが察せられた。それに語られる内容はミノルの最大の関心事そのものだったから、ミノルはデーヴィスが語った内容を問題なく理解することができた。

それにしてもデーヴィスのしゃべり方、顔つき、身振りが興味深かった。たんに自閉症スペクトラム障害者の真似がじょうずというだけではない。彼の言動を見ていると、ミノルにはひっきりなしにクリシュナ・プラダーンの『はてしなく歌え！　踊れ！　はしゃげ！』の作品世界が連想されてならなかった。そこに描かれているのはマアモ島の現実そのもの、つまり自閉症スペクトラム障害者が多数派というファンタジー小説さながらの現実世界だとわかってきたわけだけれど、それならミノルの歓迎会に集ったまわりの人たちみんなが、プラダーン作品の登場人物に似ていると言えそうなものだ。なのに、彼らの誰にも増して、標準発達者のはずのデーヴィスが、プラダーン作品に出てくる人物を思わせるのだった。

そこでミノルは、そのことを指摘した。マアモ語を使いたかったけれど、そんなに込みいったことを言える自信はなかったため、ミノルは引きつづき英語を使った。デーヴィスは答えた。

「第一には、僕がプラダーンの作品を愛していて、影響を受けているからだろうね。第二には、プラダーンの作品に出てくる人々は知識階層が多くて、僕自身も大学院生だから、それに近いということがあるからだろう。そして第三には、僕はこの島の人々に『擬態』しているということがあると思うね」

「擬態?」

思わずミノルは聞きかえした。

デーヴィスが応じて言った。

「『擬態』というのは、本来は己開症スペクトラム障害者たちによる社会適応を指す俗語だよ。当事者たちはよく『ミミクリー（擬態）』という言葉を使っているんだ。その擬態をぼくはこのマアモ島でじぶんでやってるのさ。恋人も気に入ってくれているし、何よりじぶんでやってて楽しいよ」

ミノルは「擬態」も「ミミクリー」もいま初めて聞いた。英語圏の、あるいは欧米の己開症研究は、あるいは発達障害研究は、そして己開症スペクトラム障害者たちの当事者意識は、やはり日本よりも進んでいるのだなと感心した。そう感心するのと同時に、ミノルはこの言葉を知って、じぶんの人生が、擬態をするために苦心を重ねてきた歴史だということを初めて悟った。笑顔を見せるときでも、過剰に笑っていると思われないように、薄く笑うように努める。視線を合わせすぎる傾向があるために、嫌がられないように視線を逸らそうと努力する。学校に入った頃、「探究」の時間で興味の対象になかなか夢中になれないために、夢中になっているかのように演じようとした。数年後にはその演技に疲れて、まわりのクラスメイトのための「聞き専」を、つまり相槌を積極的に打つことでその場から浮かないように努める道を選ぶようになってしまった。

　ミノルが黙りこんで想いに耽っている様子を、デーヴィスは静かに見守っていた。じぶんの恋人の言動から、己開症スペクトラム障害者に対する優しい振るまい方をわきまえているのだ。しばらくしてミノルの思考は落ちつき、デーヴィスになぜわざわざ「擬態」するのかと尋ねてみた。相手は落ちついて答える。

「マアモ島の外では、つまり海球のほとんどの場所では、己開症スペクトラム障害者が『擬態』をして、ぼくたち標準発達者に合わせてくれてるわけでしょう？　それって公平じゃないと思うんだ。ぼくはじぶんの彼女にも、付きあいはじめた頃、ぼくの前では擬態しなくても大丈夫って伝えたんだけど、なかなか『素』を出すのは難しいと感じていたようだった。つねに『擬態』するのが当たり前の人生を送ってきたわけだから、そうなるよね。それで、ぼくはぼくたちの関係では『擬態』をやめてはどうか、というじぶんの提案自体を公平ではないかもしれないと思うに至った。ぼく自身は彼女の『擬態』をめぐるさまざまな困難を経験してこなかったわけだから、それをやめてほしいと願うのも、勝手な要望だと思ったんだ。そのあと、ふたりでこのマアモ島に来ることになって、ぼくはじぶんがここで『擬態』をする訓練を積むことにした。彼女に対して、それが公平だと思ったからだね」

ミノルは感銘を受けながらデーヴィスの説明を聞いた。海球では「公平（フェア）」という言葉はどこでも頻繁に使われていて、「人権」に次ぐと言っても良いほどの人類の最重要レベルの概念だけれど、ミノルはデーヴィスが示すほどの公平さに、なかなか接したことがなかった。ミノルは笑顔を浮かべながらも、熱烈な尊敬のこもったまなざしでデーヴィスを見つめた。デーヴィスはミノルの視線を受けとめて、ミノルの眼を見つめかえしながら、やはり笑顔を見せた。努力によって練習され、人工的に構築された、デーヴィスの恋人が見せるのに似た、そしてミノル自身がいま浮かべているのにそっくりな笑顔だ。

マアモ島では学制も変わっていた。日本で旧課程となった一五年制も新課程の二〇年制も採用されていない。島民は六歳になったら小学校に入って六年間、それから中学校で三年間にわたって学び、その九年間が義務教育とされている。そのあとは多くの生徒は高校に三年間通学する。高校卒業後は、大学に進学する者が五割以上いて、残りの四割ほどが専門学校で勉強したり、社会に出たりする。

そういう状況だから、ミノルは現地のマアモ大学に通うことになった。ミノルは、完全に理解できるわけではないマアモ語による授業にきりきりまいになったものの、夢見てきた島で、懸命に学んできた言語をつうじて教育を受けられるという興奮が上回った。しかも到着以前には予想できなかったことに、この環境ではじぶんの「同類」だらけなのだ。ミノルは夜に公民館でやっている、おもに留学生たちを対象とした語学学校にも通いはじめた。初歩的な文法は理解できていたけれど、それをマアモ語によって学びなおせるという点に利益を見いだして、ミノルは文法を初級コースから受講した。文法クラスとは別に、コミュニケーション力養成コースもあり、そちらにも通った。留学生たちには標準発達者が多かったから、彼らと会話を練習するのは難しい局面が多かったとはいえ、現地出身の教師たちは己開症スペクトラム障害の特性を持っているから、ミノルは彼らと気が合うように感じてばかりだった。そうして大学の授業にも、語学学校の授業にも夢中でミノルは毎日を過ごすようになった。

交友関係に関して言えば、大学でも公民館でも、必ずしも順調と言える状況ばかりではなかった。当初ミノルは、マアモ島の人々があまりにじぶんと似ていることから仲良くなることはかんたんなのではないかと推測した。しかし実際にはそうではなかった。ミノルから見れば現地出身者は誰しも似ていて、じぶんの「同類」に見えるのだけれど、そういう人が島の絶対的多数だということは、島民たちにとっては当たり前で、むしろ似ていない些細な箇所がお互いに気になるらしかった。なるほど、些細な部分に注意を向ければ、それぞれの住人には当然ながら個性の隔たりがあって、人格も趣味も価値観も異なるのだから、ひとりひとりはまったくの別人だという事実が大きく見えてくる。

だからミノルが「同類」の多さに感激して、彼らとどんどん親しくなろうと思っても、相手がそれほど歓迎していないと感じられる場面が発生した。ミノルは「それはそうだ」と思いあたった。マアモ島の外では標準発達者が圧倒的多数を占め、彼らはみんな似通っているが、だからと言って誰でも彼でも仲良しではない。やはりお互いの細かな違いを気にして、些細に見えることで対立している。それと同じなのだ。

さらに大きな問題として、ミノルは標準発達者に「擬態」することに慣れた己開症スペクトラム障害者だということがある。じぶんの自然のあり方をさまざまな場面で疑問視されつづける環境に生きてきて、自然に振るまうことを抑圧するようになっていた。それに対してマアモ島の人々は、じぶんたちのあり方こそが「ふつう」で「自然」で「標準」だと疑わず、天真爛漫な言動を取りつづけている。そのような彼らは「ミサキちゃんに似ている」と感じるに至って、ミノルはなぜじぶんにそっくりなはずのミサキちゃんに苦手意識を抱いてきたか、その理由をついに理解するに至った。彼女は、そしてマアモ島の人々は、じぶんのあり方を疑わず、「擬態」をしていないから、それがミノルのあり方を否定しているように感じられてしまうのだった。

ミノルはその悲しい事実に気づいて、今度は留学生仲間たちのことが気になるようになった。島の外部からやってきた標準発達の彼らは、マアモ島の人々の異質さを壁と感じて、なかなかなじめないでいた。なかには鬱状態になって、家に閉じこもってしまった者もいた。ミノルは留学生同士の会話で、そのような人がたくさんいるという話を聞いて心が痛んだ。彼らは標準発達者ではあるけれど、マアモ島の人々とは別の意味でじぶんの分身なのだ。なぜなら彼らが体験しているのは、ミノル自身が日本で、否、マアモ島以外の世界中のすべての場所で体験してきた事態だからだ。じぶんとは感じ方や考え方が根本的に異なる人々が圧倒的に多数の世界で、じぶんだけが別の星の生命体のように感じざるをえない、同類を探そうとしてもそうそうは見つからない世界。適応力の高いデーヴィスのような留学生は、「擬態」を巧みにやるようになっていて、己開症スペクトラム障害の特性をじょうずに真似ているけれど、それがなかなかできない者は、鬱状態になってしまう。

ドイツから新たに留学してきた同級生のティロは、学生寮でミノルの三つ隣の部屋に入居していたのだが、ストレスから寝込んでしまった仲間のひとりだった。ミノルはほかの留学生からそれを聞いて、お見舞いに行くことにした。ティロは環境政策の国際比較研究が専門で、この島の環境の悪さに誰よりも打ちのめされてしまっていた。ティロがベッドで泣き言のように語る英語を、ミノルはひたすら黙って聞いてあげた。

「マアモ島がこんなにひどいところだとは想像もしなかった。恐ろしく殺風景だと聞いて、どういう環境意識でやってる地域なんだといぶかしんできたけれど、ここまでひどいとは思わなかった。この島は海球上のどことも比較できない。独自性が高すぎて、まったくわからない。この住民たちの心のありようを反映しているとも思う。ここの人たちは人間じゃないみたいだ。別の星の生命体のように感じる。彼らが集まって楽しそうにしているから、何がそんなに楽しいのかと思ったら、だいたいは意味不明のことで喜んではしゃいでいる。何より、人々が群れすぎる。おとなたちもひどいもんだけど、子どもたちはもっとそうだ。ひとり遊びをしている子どもなんて、ほとんど見かけない。まるでサルの集団だ。島民たちは協調性の意味を履きちがえているんだ」

己開症スペクトラム障害と標準発達に関する精神医学的な知識をある程度まで持ってい

るミノルは、いろいろなことに思いをめぐらせざるをえなかった。「サルの集団」という表現はかつてじぶんがネコの群れに混ざったキツネザルのようだと感じていたミノルの心を打った。人間がサルに似た生物から進化した存在だということは誰でも知っているが、人間とサルを分けへだてる最大のポイントは、よく言われるように人間が「ネコ的な存在」だということだ。海球の多くの地域では、相手の気持ちに同調しすぎないことが人間としてのマナーだと言われているし、同調しようとすることは野蛮だとされる。感情の同調は相手を子ども扱いしている印象を与え、人格を充分に尊重していないと見なされる。それぞれの人間には、それぞれに固有の内的論理があり、それを敬意を込めて推しはかることが必要になる。己開症スペクトラム障害があると、これがうまくできない。ついつい相手に「寄りそう」ことをしたがり、結果的に相手のテリトリーを犯してしまって、拒絶される羽目になる。その点で己開症スペクトラム障害者は、「サル並みのやつら」と揶揄されることがあるのを、ミノルはすでに知っている。診断を受ける前にじぶんがキツネザルだと感じていたのは、実情に即していたわけだ。

ミノルはこれまで何度も、じぶんは「ネコよりもキツネザルに似ている」ことを自責してきた。己開症スペクトラム障害者は進化の道筋から取りのこされているかのようだ、と悲しくなってしまう。しかしマアモ島のように、サルに似た人が圧倒的多数を占める世界ではどうなるだろうか。この島に外界からやってきたネコのような標準発達者たちは、まるでサルたちにいじめられ、心を病んでしまったネコのごとく弱っている。「こんな世界があるものなのか」とミノルは愕然とせざるをえない。もしじぶんがこの島の出身だったら、そんな考え方はせず、この島の多くの人と同様に、じぶんの自然なありようを当たり前のものと理解し、周囲に同調して幸せに生活していたはずだ。しかしミノルは標準発達者が圧倒的多数の世界からやってきたから、この島の「同類」たちのありように、心の奥では同調し共感しつつも、心のブレーキのようなものが、それを阻んでしまう。

ミノルはティロの部屋を出て、寮のロビーに行き、ソファーに座って気晴らしにテレビでも観ようかと思った。部屋に入ると、デーヴィスがすでにいて、テレビをおもしろそうに眺めていた。デーヴィスはミノルを見ると、話しかけてきた。最近ではデーヴィスは、ミノルの上達してきたマアモ語力を尊重して、英語ではなくマアモ語で会話してくれるようになった。

「この島では、テレビが実生活と同じくらいおもしろいよ。プラダーン研究も良いけれど、マアモ島のテレビ文化を研究対象にするのも良いかもしれない」

なるほど、ミノルはデーヴィスほどマアモ語を理解できるわけではないけれど、テレビ番組の雰囲気は日本で観るのとも、海外のほかの場所で観るのとも違っていた。というのも、バラエティ番組ではないのに、出演者たちがお互いに連動するように笑顔を見せあい、笑いあい、協奏するかのように体を揺らしあう場面が多いのだ。思えば、日本のバラエティ番組によく出ている芸能人にも、自閉症スペクトラム障害の特性が強い人が多いのだろう。さらに考えてみれば、ついこのまえこのロビーで開かれたパーティーの雰囲気は、バラエティ番組の賑やかさそのものだった。テレビ番組では撮影内容に編集が加えられ、魅力的な場面だけ選ばれているわけだから、あのパーティーの感じよりもさらに強調されていると言えそうだけれど。

ミノルは気まずそうに言った。

「マアモ島のテレビは、なんだか病的な感じがして、ぼくは苦手かもしれない」

するとデーヴィスは驚いて言った。

「ミノルはニューロダイバーシティを知らないの?」

ミノルはあわてて答えた。

「知ってるよ。発達障害者をマイナーな精神的特性を持った人々と考えるやつでしょう。ぼくたちを脳の少数派だと見なすんだ」

デーヴィスは言った。

「わかってるんなら、安心したよ。おもしろいよね。この島では、己開症の特性が濃厚な人々が圧倒的な多数派だ。それでもちゃんと社会が回ってるわけだから、やはりこの島の外でも、発達障害は脳の多様性として理解できるはずだ」

ミノルは答えた。

「うん。そうなんだけど。なんだか、でもここの人たちはなかなか受けいれられないんだ。この島の人々の言動を見ていると、文学的な表現かもしれないけれど、『悪徳』という言葉を思いだしてしまう」

デーヴィスは笑いだした。

「はっはっは。『悪徳』だって。興味深い意見だけれど、ミノル、きみは頑張って、これまで『標準社会』で『過剰適応』してたんじゃないの」

ミノルは面食らって言った。

「標準社会？　過剰適応？」

デーヴィスが解説する。

「『標準社会』というのは、『標準発達者が圧倒的多数を占める一般社会』の略語だよ。『過剰適応』というのは、『精神的にいっぱいいっぱいになるまで「擬態」した状態』のことさ」

ミノルは「なるほど」と呻くように言った。

「そうか、ぼくは擬態しすぎていたのか」

デーヴィスはミノルの眼を見つめて、優しく言った。

「きみのせいだとは思わないよ。問題は、そうまでしないとサバイブできなかった標準社会の側にあるんだから。社会の側で発達障害が認知されない時代が長かったから、仕方がない面もあるけど、これからの時代は社会の側がマイノリティに配慮して、ひとりひとりで過剰適応しなくても良いような環境を提供しないといけないね。そして最終的には、擬態もやらないで済むのなら、それがいちばん良いと思う。僕は自閉症スペクトラム障害者に擬態するのは勉強になると思うから、あえてやっているだけで、そういうのは良いと思うんだけど」

ミノルはデーヴィスの言葉を聞きながら、「この人はほんとうに腑に落ちることばかり言うんだな」と思いつつ、どうやったら「過剰適応」をやめられるのかは見当がつかなかった。

デーヴィスから「過剰適応」と指摘されたミノルだったが、それだけに気質的にはぴったりじぶんにフィットするはずのマアモ島の社会や文化に、批判的なまなざしを与えられるという点では、むしろ利点があるかもしれなかった。そもそも到着した直後から、ミノルはマアモ島の人々の環境意識の低さが気になってならなかった。ミノルはじつはこれまで、環境意識が非常に高い標準発達者たちに辟易してきたのだが、やはり彼らからいつのまにか感化されていたわけで、環境への意識が低いマアモ島民に納得できないでいる。

このような心理は、買い物の際には、より深刻な葛藤として迫ってきた。この島には、異様なほど実店舗が多く、海球ですっかり一般的になっているオンライン商店は、限定的な存在感しか獲得できていなかった。海球のほかの場所では、日用品でも、コンピューター機器でも、食材でも、衣類でも、家具でも、書籍や映像・音楽ソフトでも、玩具でも、ほとんどすべてオンラインで購入するようになっている。小売りの対象になるものは、よほどの工夫を凝らさないと、あるいはコンビニエンスストアでもなければ、経営が成りたたない。モール街やスーパーマーケットを設営して非常に洒落た品揃えを見せるとか、実際に試食したり、試着したりできないと不利益が生じるというような商品を扱う業者だけが、実店舗を構えている。しかしマアモ島では、ありきたりの品揃えのスーパーマーケットや、さらには肉屋、魚屋、八百屋、文房具屋、家電製品店、書店、おもちゃ屋などが、街中にいくらでも存在しているのだ。

ミノルはそれらの実店舗を歩いてまわりながら、まるで何十年も前の時代にタイムスリップしたかのように感じた。日本でも、あるいはマアモ島以外のすべての島でも、かつて人々はこうやって店から店へ回りながら製品の実物に辿りつき、思案をめぐらせて、購入の可否を決めていたのだ。マアモ島の外の感覚では、もはや考えられないことだ。たしかに、かつて一部のオンライン商店が全海球的な企業となり、異常なほど莫大な利益を独占した時代があった。しかしオンラインショッピングに対する批判が世界中で噴出し、現在では国際法として独占禁止法が厳格化され、多くのオンライン小売店が利益を分けあう社会構造になっている。つまり富の公平な配分が進められた。結果、実店舗をたいせつにする風潮は日本でも諸外国でもかなり退潮してしまった。オンライン商店のほうが、実店舗よりもメリットがありすぎるということになった。しかしマアモ島では、実店舗での買い物が「生きた化石」のようにして現存している。

ミノルは前時代にタイムスリップしたかのようなショッピングライフに呆然としたけれど、実際に足を使って店をあちこち回ってみると、案外魅力的なものだと感じられた。店員たちと活発に会話をする機会が生まれる。店員たちは、己開症スペクトラム障害的なわけだから、過剰にコミュニケーションを重んじる傾向にある。相手の眼を見て、笑顔を見せて笑いあい、言葉のキャッチボールによって互いに安心感を得ようとする。ミノル自身と同じ、まったくの発達障害者たちなのだ。ミノルはこのような消費と需要のあり方が正しいのかについて、標準発達の世界観に照らして疑問を抱くことはあったものの、これまでに生きてきたなかでもっとも充実した消費行動を楽しんだのだった。

ミノルはマアモ島でアルバイトも経験したかったけれど、まずは大学での授業の予習・復習がたいへんだったし、会話力も充分ではなかったから、毎日大学と語学学校に通うことに集中した。しかし、大学や公民館や街中で働く人たちを見ていても、この島では労働形態も風変わりだということがわかってきた。ミノルはしばしば、寮のロビーで留学生たちと雑談した。そうなのだ、海球では雑談は一般に嫌われているのに、マアモ島ではあちこちで雑談がおこなわれている。ミノルの住む寮では、己開症者への高度な「擬態」に挑戦するデーヴィスが雑談文化（とでも言うべきもの）の中心にいて、別の学生寮から遊びに来た学生たちと、雑談に花を咲かせていた。留学生のほとんどは標準発達者なので、彼らはマアモ島で花咲く雑談空間に辟易していたけれど、デーヴィスとミノルがやる雑談は標準発達者にも配慮をして、完全な雑談にはせず、テーマトークの要素を交えたものだったので、寮内では一定の好評を博していた。

己開症スペクトラム障害には、他者への配慮に配慮を重ねる特性があるから、ミノルはまわりの寮生たちから不興を買わないように注意しながら、見聞きした労働に関する新しい発見を取りとめもなくデーヴィスに語った。ミノルは、マアモ島では在宅ワークが少なく、その点が不思議だと言った。海球のほかの土地でも、業務内容によっては、朝から出勤して夕方まで務めることがあるけれど、その場合、正午過ぎには職場で仮眠や入浴を取るのがふつうで、それらの雇用者向けサービスがない職場はブラック企業と呼ばれ、行政側から厳しく指導が入る。ところが、マアモ島ではそういうブラックな職場だらけだということがわかってきた。なぜこうなのかとミノルは現地出身の学生たちにも尋ねたものの、納得のいく回答は得られなかった。

マアモ島の文明力が、総合的に見て海球のほかの土地に明確に劣っているようには思えなかったにせよ、ロボット技術は明らかに遅れを取っているように見えた。数十年来、海球では労働を効率化するための技術開発が飛躍的に進んできた。労働のあらゆる局面で、人力をまったく不要とするには至っていないまでも、そういった作業は非常にピンポイントなものになってきている。ところが、マアモ島では好んで人力が選ばれる場面が多く見られる。ミノルは日本にいたときに、「発達障害支援」の専門家が書いた本を読んだときのことを思いだした。それによると、自閉症スペクトラム障害者は、「一定した注意力」をとくに必要とする労働現場（たとえば建設業、警備、運転・操縦など）では適性が高いと書かれていた。「注意力のメリハリが少ない」ことが、「適性」として評価されるからだという。自閉症スペクトラム障害の特性を持った人が多数のマアモ島では、このような特性のために、人力が選ばれやすいのだろうか。

デーヴィスに話してみたところ、こんなことを言っていた。

「なるほど。興味深い論点だね。自閉症スペクトラム障害者は注意力のあり方が標準発達とは異なっていて、それで長年、注意欠陥・多動性障害のヴァリエーションと見なされてきたけど、きっと注意のあり方の問題は、もっと真剣に議論され、社会的な整備が進められていくべきだね。マアモ島でも外の世界でも、ニューロダイバーシティの考え方がもっと広まると、少数派だけでなく多数派にとっても、いっそう働きやすい環境が増えていくんじゃないかな」

街中での観察行為と、大学や語学学校での学び、そして寮のロビーでの雑談によって、ミノルはマアモ島のさまざまな奇妙な点にも理解を深めるようになった。法律が存在している点で、この島と島の外の世界は当然ながら変わらないけれど、どうやらマアモ島の法律は、ずいぶんと書き方が緩いようだった。日本でもどこでもそうだけれど、よく言われるように法律は「一言一句の緩みなく」というのが原則だ。稀に裁判になることはあっても、法律の解釈が深刻に割れることはめったになく、専門家たちがてきぱきと決着をつける。ところがマアモ島では、ほかの土地よりも何十倍も裁判が多くて、しかもそれは一審、二審、三審と、どんどんもつれていく。法律が緩いから、高速道路の制限速度が厳密に守られないし、そもそも現地で生産販売されている車は、速度制限がきっちり守られた形にはなっていないらしい。

選挙のやり方も、ずいぶんと特殊なようだ。国民の代表が政治をおこなうのは海球のほかの場所と同じだが、代表を選ぶ仕組みはなんだか非合理的に見える。海球ではふつう、落としたい候補者へのマイナス投票があるはずだ。ところがマアモ島ではプラス投票しかない。それに海球の多くの土地では、公約と言えば絶対に遵守するのが当たり前で、公約を実現できなかった候補は、選挙前にその実態が国民に開示され、次回の選挙への参考資料としてマスメディアで広報されるものなのに、マアモ島ではそれもなされていない。海球のほかの場所では、選挙前に有権者は郵送で各候補者による今回の公約一覧、各候補者の実現できなかった公約一覧を受けとり、投票時にそれらの参考資料を頼りとして、投票する。マアモ島にはその仕組みも存在しない。そして投票はオンラインによらず、投票所に行かなければならず、そのために投票率が六割を切るのが当たり前だそうだ。場合によって三割以下のこともあると聞いて、ミノルは唖然としてしまった。

しかし、いちばん驚いたのは宗教だ。海球のほとんどの場所では、過去のさまざまな宗教をめぐる紛争や戦争の経験を踏まえて、「信教の自由」が徹底されてきた。学校では宗教リテラシーの教育が施され、二〇歳未満は特定の宗教を信仰できない。学校教育では社会科の時間に諸宗教に関する情報が公平に教えられ、成人してからようやくどれかをじぶんの意思で選ぶことができるし、もちろん選ばなくても良い。親がじぶんの信じる宗教を子どもに教えこんだら、偏った知識を未成年に与えたということで、教育虐待、宗教虐待、および児童虐待の案件になり、子どもは児童相談所に保護される。ところがマアモ島では、親たちは平気でじぶんたちの宗教を子どもに教え、子どもの頃から教団の行事に参加させている。ミノルは「これは国際法に違反しているのではないか」と首を傾げざるをえなかった。

このような状況だから、マアモ島では宗教と政治の関係が緊密に絡みあっていて、いつも緊張状態にあった。政党には宗教団体を母体としたものがあって、ミノルは「いつの時代の話なんだ?」とめまいがしてきそうだ。宗教と政治は完全に分離をするというのが全海球的な常識になって、何十年もの時間が経っているはずだけれど、マアモ島ではその常識が通用しなかった。ミノルのマアモ島への疑問はふくらんでいくばかりだった。

解説④

マコトさんがどんな物語を描くのか、私の予想は大きく外れました。

もし私が逆転世界を描くとしたら、きっと幼少期の主人公をもっと過酷で、惨めな体験の持ち主としたでしょう。そして、マアモ島のような「自分と似た人たちのコミュニティ」に参加することを、手放しで理想郷との出会いとして描くように思います。けれど、マコトさんはそんな安直な描き方はしませんでした。ミノルは酷いいじめにもあっていませんし、不登校にもならず、家族から虐待的な対応もされていません。私はマコトさんが幼少期に非常に過酷な体験を「生き延びてきた」ことを知っています。けれどその部分はマコトさんはミノルに自分を重ね合わせて描くことはありませんでした。それはきっとマコトさんがこの物語を通じて伝えたい主題ではなかったということなのでしょう。少なくとも、ミノルを単純に「かわいそうな存在」として描くことをよしとしませんでした。

「擬態」について

私がもっとも予想を外したのは、マアモ島に対するミノルのリアクションです。
〈すぐさまミノルは、もちろんこの島こそ、かつて世界旅行をしたときにじぶんが求めていた世界そのものだと理解していた。(中略)ところが現実にじぶんと同類に見える人々がたくさん群れて動いている様子を見ると、ミノルはむしろそこには「悪徳」のようなものを感じて、居心地が悪い気がしてしまった〉

ミノルはすぐにそこが「同種の仲間たち」のコミュニティだと理解しましたが、同時に強烈な違和感と居心地の悪さを感じたことが描写されています。私ならばここが最大の盛り上げどころとばかりに、それまでの疑問や苦労が氷解し、人生観が大きく変わって幸せ絶頂のミノルの姿を描きたくなるでしょう。そして多くの読者が、そんなミノルに強く感情移入するように思います。つまり、マコトさんは首尾一貫して読者の感情を煽るような記述を避けています。それはなぜか。答えはもう少しだけ物語を読み進めたところに書いてありました。

擬態(ミミクリー)

これこそが、マコトさんが鮮やかに浮かび上がらせた物語後半の重要なテーマです。ここは少し解説が必要でしょう。物語の中でも語られているように、この言葉は神経学的少数者（ニューロマイノリティ者）がなんとか社会に溶け込むために多数派を装う努力をすることを意味しています。地球の自閉症研究においては、「カモフラージュ（偽装）」や「マスキング（仮面づけ）」などの言葉で表現され、近年とても注目されているキーワードです。ミミクリー（擬態）という表現は、物語では己開症スペクトラムの当事者がよく使う表現として描かれています。実はこの擬態という表現、日本（地球）の自閉スペクトラム当事者コミュニティでもよく使われる言葉です。英語にするとmimicry（ミミクリー）。動物や虫が環境に合わせて己の姿を変える様を表す言葉ですので、学術用語として用いられていてもおかしくないうまい表現だと私は思っています。

読み手の感情を揺さぶる表現を封印してまでマコトさんが伝えたかったこと。それはニューロマイノリティな人たちがなんとか社会で生き延びるために行う「擬態」の影響力の大きさなのでしょう。ミノルは幼いころから自然に、そして過度に周囲に擬態してきました。その結果、自分と似た人たちであるはずのマアモ島の文化を素直に受け入れることができなくなるほどに、です。それはつまり、後天的に「標準発達文化」を自分の中に取り込み、自分の一部としてきたということです。地球においても、自閉スペクトラム者が周囲に過度に合わせる努力をすることの弊害として「本当の自分の姿」がわからなくなってしまうことや、周囲に過剰適応して心身に不調をきたすことなどが指摘されています。ミノル自身も、もしマアモ島で生まれていたら違う感じ方をしたはずで、幼いころから擬態を続けた結果の違和感であることを理解している描写があります。これはとても難しい問題です。一度強烈に擬態を続けた経験があると、後にどれだけ理想的な環境に出会えたとしてもうまくいかないことがある。救いのない話のようにも思いますが、だからこそマコトさんが強く問いたかったメッセージなのでしょう。

もう一つ、マコトさんが「擬態」を強く描き出した理由があるように思います。どうやらマコトさんは、己開スペクトラム者は自閉スペクトラム者よりも、擬態するのがうまいと考えている節があるのです。人間を特別扱いする脳の持ち主なのだから、きっと周囲の「標準発達者」に強い関心を持ち、自然と擬態を始めるはずだというのがその理由のようです。少なくとも自閉スペクトラム者が地球の定型発達者に擬態するよりはスムーズで、上手なはずだ。なるほどたしかに。そう考える読者の方もおられるかもしれません。しかしながら、実は私はそうは考えていません。地球の「カモフラージュ」と海球の「ミミクリー」、難しさや伴う困難はきっと同等だと私は予想しています。なぜならば、ソーシャルモチベーション仮説で説明されるような「社会情報に対する志向性」はほとんど無意識に起こる反応だからです。人間を特別扱いする脳の持ち主が、まるでそうではないかのように振る舞うことの難しさは相当なことです。こういった考えの違いは、私とマコトさんそれぞれが持つ脳の特性やそれまでの経験、知識の質的な差によるものなのでしょう。

読者のみなさんはどう思われるでしょうか?

正解はきっと誰にもわかりません。もっと言うと、どれが正しいかなんてそんなことは重要ではないのです。大切なことは想像の翼を広げて、自分と違う他者の姿を理解しようとすることです。そして真剣に考える人の数だけ、海球の姿は存在しているのだと思います。その意味で、この物語はあくまでマコトさんという一人の人物が描いた世界であることは、とても大切なことです。他の自閉スペクトラム者が逆転世界を描いたら、きっとまた異なる世界になるでしょう。

再び海球と地球の違い

物語も後半にさしかかり、怒濤のように新たな事実が描き出されています。それにはミノルがマアモ島に行ったからこそ、ミノルが意識したという必然性があります。私たちはいつも自分にとって当然のことは意識に登らず、当たり前が通用しない異質なものとの出会いで初めて自分の中の前提に気づくのです。つまり、ミノルがマアモ島に行ったことで、マコトさんは自由に制約なく「海球」がどんな社会の星なのかを描くことができるようになったのです。とはいえ、何をどう描くのかはマコトさんの選択によるものです。そこにはきっといろいろなメッセージが込められているはずです。

たくさんの記述がありますが、私が特に印象深いのはミノルの母の「髪型」です。

スキンヘッド!!

読者のみなさんのなかに、ミノルの母がスキンヘッドであるとイメージしながら物語を読まれた方はおられますでしょうか?　これぞ「アンコンシャスバイアス（無意識の偏見）」。その可能性を、私はまったく想像できませんでした。海球の女性は短髪が多く、スキンヘッドも珍しくないという記述の背景には、地球の自閉スペクトラム女性にも短髪の人が多いという観察的事実があるように思います。私はスキンヘッドの自閉スペクトラム女性には会ったことはありませんが、社会的に容認されるのならばそうするという方は少なからずおられるのかもしれません。こうした記述をすることで、マコトさんは海球と地球のジェンダーイメージの違いを表現したかったのではないかと思います。少なくとも日本（地球）における、女性らしさのイメージの強制に苦しむ女性は海球には存在しないのかもしれません。

海球と地球では街並みの様子も大きく違うようです。海球の街並みは色とりどりで、自然が多く、転んでも痛くないように配慮が行き届いています。これはきっとマコトさんが日々の生活の中で「日本の街並み」に抱く不満が表現されているのでしょう。「都会の風景はなぜこんなに色彩感覚に乏しいのだ」「転んだら怪我をしてしまうような舗装がなぜずっと放置されているのか」「みんな同じようなデザインばかりはもう見飽きた……」。マコトさんがぶつぶつと独り言の文句を言いながら歩いている姿が目に浮かぶようです。他にも交通ルールや選挙制度、宗教の取り扱いや買い物の方法に至るまで、海球と地球には様々な違いがあることが描かれています。これらはきっと、マコトさんが日常で感じる疑問や願望が反映されているのでしょう。

ここでお伝えしたいのは、地球と海球の「当たり前」の違いは、どんな特性の持ち主が多数派であるかに強く影響を受けているということです。そう考えると私たちの日々の生活や見慣れた風景を見つめる眼差しも、すこし変わってくるのではないでしょうか。

三たび、発達障害とはなにか

ここまでお付き合いいただきました私の解説もそろそろ終わりにさしかかって参りました。最後にもう一度、発達障害について考えたいと思います。

ここで考えたいのは、海球の子どもたちはどんなふうに育ち、どんなふうに発達することが「普通」なのかというテーマです。物語の中には幼少期の子どもたちの記述はありませんでしたが、近年の研究知見をもとに考えてみたいと思います。というのも、とても興味深い指摘[1]があるのです。それは、自閉スペクトラムの子どもたちにとっての典型的な言語発達の過程が存在する可能性の話です。

具体的には近年の研究の結果、少なくない自閉スペクトラムの子どもたちが、①最初の話し言葉の出現→②話し言葉の消失（退行・停滞期）→③急速な話し言葉の増加という過程を辿っていることがわかったのです。このうち二番目の、話し言葉の消失は、年齢で言うと二歳から六、七歳、つまり未就学児期にあたります。ただし個人差も大きいので、長い場合は一一歳くらいまで続くとされています。そしてその後に突然、話し言葉が爆発的に増える時期を迎えるのです。それはあまりにも爆発的な変化なので、その時期に「言葉を学んだ」と考えるより、すでに内側に蓄積された言葉があるタイミングに表に出てくるようになったと考えるほうが自然でしょう。以前私は、この話をどう思うか自閉スペクトラムの友人に訊いたのですが、「それって当たり前の話だよね。ある時期までは他人をあんまり意識していないし、言葉でやりとりすることの意味や必要性を感じてないから、しゃべらない人が多いだけだと思う」と言われて、深く頷いたことを覚えています。

こういった報告をもとに考えると、海球の幼児はかなりの割合で「話し言葉を使わない」可能性が高いということになるでしょう。そして学齢期にさしかかったときに、爆発的にしゃべり始めることが「当たり前」の発達とされているのかもしれません。もちろん、自閉スペクトラムの子どもたちには言葉の発達の遅れ（に見える状態）が見られないタイプ（かつてアスペルガー症候群と呼ばれていたタイプ）や、生涯話し言葉をあまり使わないタイプ（中程度以上の知的障害が伴うことが多い）など様々なタイプがいますので、一様ではありません。しかしながら、「しゃべらない幼児」の人数は地球に比べると比較にならないくらいに多いはずです。それはつまり、幼児期には話し言葉を使わず、学齢期になって急に話し始めることが、海球における「標準発達」とされている可能性があるということです。ちなみに私は、勝手にこの議論を「自閉的定型発達」と呼んでいます。

自閉的定型発達の議論は、発達障害と呼ばれている現象をどう理解しどのように関わるのかに直結する、とても大切な議論だと私は思っています。幼児期は地球の多くの子どもたちが言葉でのやりとりをどんどん獲得していく年齢ですので、単純に比較すると確かに「言語発達の遅れ」があるように見えます。けれども、その後の言語爆発までが自閉スペクトラムの子どもたちにとって典型的な発達の過程なのだとすると、それを遅れや障害と捉えることが本当に妥当なのかという疑問が湧いてきます。ちなみに先ほど紹介した論文では、幼児期の「言語発達の遅れ」に対する言葉の発達を促進するための介入には、効果がほとんどないことも指摘されています。それどころか、地球の定型発達の子どもたちがするような「社会的関わり」に重点をおいた言葉の学習が、自閉スペクトラムの子どもたちの言語発達を妨げる可能性すら指摘[2]されているのです。

この本の副題は「次世代の発達障害論」です。マコトさんの物語も、私の解説も、「発達障害」と呼ばれる現象をこれからの時代にどう考えていくべきなのか、その本質を読者のみなさんに問いかけたくて書いています。

海球と地球で発達障害の中身は違いますが、その構造は何も変わりません。海球の標準発達の子どもたちがすくすく育つ環境や関わりを、地球においてどうやって実現するのか、また逆に地球の定型発達の子どもたちに適した環境を海球においてどうやって作り出すのか。大事なことなので、もう一度言います。目指すべきは、少数派が多数派のようになるための方法ではなく、誰が少数派になっても生きづらさを抱えにくい社会です。

さて、私の解説はここまでですが、物語はまだ最終章が残っています。マコトさんがこの物語をどのように展開するのか、そしてどのように終えるのか。ぜひ最後まで楽しんでください。

村中直人

注

1 Mottron, L., Ostrolenk, A., & Gagnon, D. (2021). In prototypical autism, the genetic ability to learn language is triggered by structured information, not only by exposure to oral language. *Genes,* 12(8), p. 1112.

2 Arunachalam, S., & Luyster, R. J. (2018). Lexical development in young children with autism spectrum disorder (ASD): How ASD may affect intake from the input. *Journal of Speech, Language, and Hearing Research,* 61(11), pp. 2659–2672.

V

マアモ島に来てから四ヶ月ほどの時間が経って、ミノルは多くの場面でマアモ語を聞きとれるようになり、かなり長い発話もできるようになった。この期間、毎日大学と語学学校に通い、寮のロビーでデーヴィスたちと雑談をした成果だった。デーヴィスはときどきミノルを気遣って英語を使うこともあったけれど、ミノルがマアモ語を早く習得したいと熱望しているのを知って、やがてふたりのあいだのコミュニケーションは完全にマアモ語だけになった。

大学が夏休みになると、ミノルは語学学校の夏季集中コースを選んで上級クラスでさらに語学力を鍛えることにした。そのクラスを最後までやったあとは、「大学入学のためのマアモ語試験」と呼ばれるものを受ける。これに合格すると、大学で本格的に学ぶことができ、先々では博士号取得の資格も得られるという仕組みだった。ミノルはすでにマアモ大学に通っていたけれど、この試験に合格していないから、受講できる科目群にはさまざまな制約があった。その試験に受かれば、どの科目も受講できるし、希望すれば将来的に博士課程で学ぶこともできた。もっとも、ミノルは日本学術振興会に出した書類に、マアモ島で一年間のフィールドワークをしたのちには、日本で博士号を取得すると説明していたから、そこまでは望んでいなかったのだけれど。

ミノルは夏季集中コースのあと、試験を受け、「これで一段落だ」と嘆息した。夏休み明けに結果が出るのだが、それまでに一ヶ月近くの休暇が残っている。ミノルは短期のアルバイトを始めるときだと考え、どんな職種に挑戦してみるか検討した。すぐに思いうかんだのは、食糧生産、公共交通機関、病院や保健所、学校と幼稚園と保育園、清掃・衛生サービス、生活必需品を販売する小売業などで働く人、つまりエッセンシャル・ワーカーになることだった。日本でインターネットを検索していて、「注意力が非定型的な己開症スペクトラム障害者たちは、じつは持続力の要求されることが多いエッセンシャル・ワーカーに向いています」という文面を見たことがあった。マアモ島に住んでいると、同調圧力が高いと感じる場面が非常に多い。しかしそれは、お互いに呼応して連帯して仕事に取りくむ場合には、大きな効果を発揮しそうだった。外国でそういう仕事をしておくことは、日本に帰ったあとの職業選択の際にも、参考になりそうだとミノルは考えた。

ミノルはコンビニでの夕方のアルバイトに応募して、面接を受けた。面接中、店長は厳しそうな顔をしていたので、きっと落ちたと思っていたが、結果は採用だった。働きだすと、さまざまな作業をやらなければいけないけれど、それを同時的にこなす方式がマニュアル化されていて、じぶんに合っているのではないかと思われた。マアモ島の外では、こういう業務はあらかじめ分割された作業内容を順番に各個撃破するように達成していくものだが、この島では業務内容はしばしば複合的で、そういうマルチタスクをヒョイッと巧みにやってのけることがふつうだった。ミノルは最初は驚いたものの、じぶんもやってみると、それが案外すんなりとできてしまう。ミノルは、これはもしや天職ではないかとすら思った。そんな仕事の仕方が日本に帰国してから通用するかどうかはわからないけれど。

印象的だったのは、その職場には、島の外から来たらしい標準発達の特徴があらわな女性の先輩がひとりいて、コンビニ勤務に命を懸けているような熱意で取りくんでいたことだった。そして、マルチタスクをまさに巧みに分割しながら、ふつうにマルチタスクをこなすよりもずっと速く仕事をこなしていく。その人の情熱的な作業内容と集中力には、どうしても及ばないとミノルは思った。彼女に対してほかの先輩たちは「コンビニ人間」というあだ名をつけたのだが、それは揶揄する意図ではなく、超人的な人物をリスペクトする気持ちからだったので、ミノルもこの呼称をひそかに使った。

コンビニとはまったく異なる職種だという点に魅力を感じたことと、週末はコンビニ勤務に入るように求められなかったことから、夏季休暇に連続的に実施される予備校の試験監督も務めた。朝早くに集合して日没後に解散というハードワークで、途中で交代するわけでもなく、ひとりひとりが短い休憩を挟みながら、一〇時間ほども働く。途中で昼食があるとはいえ、仮眠や入浴の仕組みはなく、ミノルは働きながら、「これぞマアモ島！」

だと衝撃を受けた。標準発達者の世界は、なんとケアに満ちた世界なのだろうか。まわりの己開症スペクトラム障害者を見ていると、疲れを我慢しながら働いていて、最後にはぐったりして、肩を落としながら帰っていく。ほんとうにこれで良いのだろうかとミノルは疑問を抑えられない。

大学の授業が始まってすぐに、ミノルは郵送で「大学入学のためのマアモ語試験」の合格通知を受けとった。これで大学の授業に集中すれば良いことになった。ミノルは語学学校に通ったり、寮のロビーで雑談に興じたりしていた時間を本格的な労働経験のために転用し、マアモ社会からさらに多くの学びの機会を得たいと願った。デーヴィスに伝えると、己開症スペクトラム障害者にしか見えない豊かな笑顔を見せながら、応援の言葉をかけてくれた。

「きみと雑談する時間が減るのは残念だけど、たくさん学んで、また気が向いたらそのことについて教えてほしいね」

ミノルは夏休みの後半、一ヶ月ほど打ちこんでいたコンビニと試験監督のバイトをやめた。どちらも夏が繁忙期ということで期間限定の雇用だったのだ。コンビニの店長はミノルを気に入ってくれて、同僚からの評判も良いということで、できれば継続して勤務してほしいと求められたが、お詫びを言って、そのままやめさせてもらった。予備校ではそのように声をかけられることはなく、あっさり退任することができた。ミノルは新たに、大学での毎日の勉強のあと、夕方から夜にかけて、支援が必要な子どものための支援センターにアルバイト要員として登録した。無事に採用され、月曜、水曜、金曜は幼稚園で、火曜と木曜は小学生の勉強を放課後に支援する「放デイ」と略される放課後等デイサービスの事業所で補助業務に入った。

どちらの職場も、ミノルにとってコンビニ店員と試験監督よりも、やりがいを感じさせた。海球では多くの国で、「子育てセンター」が設置されるようになっていて、そこに育児を丸投げするのがふつうになって、半世紀ほどが経っている。未就学の子どもたちをそこに預けて、〇歳から五歳までそこで生活する。父母の両方あるいは片方が毎日通って、わが子の顔を見にきて夕方には自宅に帰る。センターで暮らすほうが子どもたちは事故に遭う可能性が少なく安全に過ごせるし、親たちも複雑な育児に煩わされず、充実した個人生活を送ることができる。週末になると子どもたちは家に帰り、家庭生活を楽しんだり、家族で遠出したりする。五歳で学校に入る前に、子どもたちは「子育てセンター」を卒園し、その時点でようやく各家庭に住んで学校に通う生活が始まる。ところがマアモ島では、何十年も前に全世界的に廃止されていった幼稚園や保育園がまだ残っていて、子どもたちは親に連れられて毎日きっちり送り迎えされているのだ。

ミノルも経験したように、海球の教育では子どもたちを内側から理解すること、教員はひとりひとりの子どもが生きている体験世界を共有すること、子どもたちの世界観を尊重しながら、それぞれの子どもと慎重に関わることが徹底されている。子育てセンターでやる保育でもそれは同様で、子どもたちがそのつど没頭する興味や関心の対象を押さえておいて、学校に入ったあとにその分野について学びを深めていけるように、さまざまな仕方で支援している。ところがマアモ島では、子どもたちは画一的に管理され、「みんなで協力しながら同じことに取りくむ力」が重視されている。ミノルは幼稚園教諭たちが合言葉のようにして、「協調性」という言葉を子どもたちに語るのをしきりに聞いた。彼らにとって「協調性」は「個性」よりも優先される概念らしかった。そして、ひとり遊びばかりをする子がいると、「障害児」ではないだろうかと心配されるのだった。

ミノルは「特別な配慮が必要」と説明された子どもたちの相手をしながら、真剣に悩んでしまうのだった。「そりゃあ、協調性はたいせつだよ。海球のどこでもそうだ。でもひとり遊びがいけないなんて、ありえるだろうか。ひとり遊びは創造力の源泉じゃないか。実際、ぼくはひとり遊びが不得意だって、いつも注意されてきたのに」。

平日は曜日ごとに幼稚園、放デイ、幼稚園、放デイ、幼稚園とアルバイトに通ったわけだが、二種類の業務をこなすことで、ミノルのなかには良い具合のリズムができていくようだった。まだ自我が確立していない幼児たちも、放デイで相手をする小学生たちも、それぞれに世話を焼くのがたいへんで、どちらの仕事が楽かとは、かんたんに説明できなかった。それぞれの子どもたちの特性を踏まえた上で、それぞれの特性にふさわしい仕方で、遊びや勉強を応援する必要があった。さまざまな工夫が必要で、苦労は多かったけれど、それだけにミノルにはとても勉強になり、支援対象の子どもたちが楽しそうにしていると、深い達成感も味わえた。

この島でのふつうの子たち——定型発達児と呼ばれていた——は、島の外で言う己開症スペクトラム障害の特性を持った児童たちだから、喜びようやはしゃぎようが非常に強烈だった。また「特別な配慮が必要」と言われる子どもたちには、島の外で言う注意欠陥・多動性障害や標準発達の特性を持った子どもたちが多く、前者は「注意欠如多動症児」という前時代的な名前で呼ばれ、後者は驚くべきことに「自閉スペクトラム症児」という異様きわまる名称で呼ばれていた。ミノルはこの言葉に「己開症スペクトラム障害」と同じくらいの衝撃を受けた。こんな名称を与えられてうれしい子どもがこの世にいるだろうか。

ミノルは「特別な配慮が必要」な子どもたちを喜ばすことに夢中になった。彼らがなかなか笑わないのが、生まれつきの特性なのか、彼らにとって安心できない環境のせいなのかよくわからなかったけれど、おそらく原因は両方にあるのだろう。

ミノルはしばらくのあいだ、「注意欠如多動症児」の子どもたちが、日本を含めた外の世界でそう呼ばれている子どもたちと印象が異なっていることに悶々とした。しばらく状況を整理した結果、この子どもたちがマアモ島の「ふつうの人々」、つまり外部の世界で言う自閉症スペクトラム障害に、注意欠陥・多動性障害が掛けあわさっているからなのだと気がついた。つまり、ダブルマイノリティということになるのだ。それがミノルにとっての違和感の原因だった。しかし、島のなかの基準に照らせば、自閉症スペクトラム障害こそ「定型的な発達」なのだから、彼らはダブルマイノリティではない。注意欠陥・多動性障害を持った標準発達児のほうが、つまり島内の言葉で言えば「注意欠如多動症」と「自閉スペクトラム症」を併発している児童のほうが、ダブルマイノリティということになる。「人間としてどのような発達特性がふつうか」という基準が、島の外部と内部とでねじれた関係にあって、ミノルは人間存在というものについて考えこまざるをえなかった。

ミノルは、日本で発達障害に関して勉強しておいた知識が、そのままでは充分に活用できない事例に焦ったこともある。マアモ島での発達障害が外部の世界とずいぶん異なっていて、歪んだ鏡像のように感じられることも多かった。しかし日々個別の業務に対応していくうちに、注意のあり方が少数派に属していると発達障害ということになるのではないか、という日本で学んだ考え方が、ミノルの実感として高まってきた。マアモ島の自閉スペクトラム症児も注意欠如多動症児も、集中力や周囲への配慮の仕方が、多くの子どもたちとずいぶん異なっている。それによって彼らは、「発達障害児」と見なされるのではないだろうか。だとすれば、この子たちの注意のあり方にとって負担でないような環境を用意すれば、この子たちは現状よりもずっと多くのことを達成できるのではないだろうか。その場合、この子たちはもはや「発達障害児」とは呼ばれないかもしれない。

そして、ミノルはようやくそれはマアモ島の外の世界でも同じことだと気がつくのだった。さまざまな環境が圧倒的な多数を占める標準発達者に合わせて作られているから、その環境にうまく適応できない子どもたちが発達障害児ということになり、注意欠陥・多動性障害とか己開症スペクトラム障害とかの障害名が与えられる。しかし、じぶんたちがそのつどの環境にちゃんと適応できるように、環境が調整されていたら、じぶんたちは発達障害児ということにならなかったのではないか。現在もマアモ島の外で、発達障害者として生きなくても良いのではないだろうか。

ミノルは幼稚園や放デイの事業所に送り迎えに来る児童の親たちを見ながら、その光景もマアモ島の外では特殊なのだという事実を楽しんだ。海球では伝統的に人間は「ネコ的存在」だと考えられているからかもしれないが、マアモ島にいると、島民は親子関係でもずいぶんと「ネコ的」ではないように見えた。なんだか過保護に見えてしまうのだ。逆に言えば、マアモ島にいると、外の世界の親子関係が冷淡に思えてくる。海球上のどこでも、だいたいの親は子どもに対して愛情を抱くものだけれど、親たちはもっと気ままに生きている。親ネコは子ネコが生まれて数ヶ月で、親離れをさせるためにじぶんから突きはなしてしまう。ちょうどそれに似たような距離感が人間の――島の外の「ふつう」の――親子関係にあるわけだし、そうでないと過保護と言われる。ところがマアモ島では、親と子の関係がもっと緊密で、やはりネコよりはサルの家族に似ていると感じられる。島民たちの親子の過剰な交流風景を見ていると、ミノルはこのような親子関係こそじぶんが小さい子どもの頃に求めていたものではないだろうかと気がつく。そしてそう気づけば、この島の人々はやはり求めていたじぶんの同類だと改めて意識された。

子どもたちや親たち、そして同僚たちを観察し、彼らと交流するうちに、ミノルは己閉症スペクトラム障害者――島で言う「定型発達者」――は標準発達者――島で言う「自閉スペクトラム症者」――より、だいぶ頑丈だと思った。これはじつは島に来る前から、なんとなく感じていたことでもあるのだが、島で暮らしていると、その差異はよりはっきりするように思った。マアモ島の人々が、労働時間の途中に仮眠や入浴する仕組みを持たないということをはじめとして、それ以外の点でもケアが少なくて済む人々なのだということがわかってきた。海球上の多くの国では、毎年二ヶ月にわたる「サバティカル期間」(研究専念期間)が一般化していて、どの季節にでもこれを取得し、出勤せずにじぶんの興味関心に従って、「研究専念」することが許されるし、もちろんそのあいだも給与は支給される。そのあいだに仕事のスキルを高めるべく勉強し、その後のキャリアアップを期する者もいれば、趣味の分野にたっぷりと時間をかけ、じぶんを単一的な専門性に特化した人間ではなくするための努力に注力する者もいる。しかしバカンスを楽しむなど集中的にじぶんをケアする人たちもいて、海球の文化の重要な根幹を成している。ブラック企業ではサバティカル期間が二週間程度しかない場合もあるものの、この習慣を無視している企業は日本でも海外でもほとんどないはずだ。ところがマアモ島では、このサバティカルの仕組みがまったくないのだ。

　マアモ島では、そもそも余暇の発想が異なっていた。海球では、生産性を上げることが文明の最大の課題と見なされ、多くの国では週休四日制、毎日五時間労働というのが標準的になっている。余暇を多く取ることで、しっかりセルフケアをしながら、かつ「研究活動」にも時間をかけることで、個々人の創造性を高めることができて、結果的に惑星全体の利益になる。ところが、そのような発想がマアモ島の人々にはまったく欠落していた。好んで「協調性」を口にし、個人よりも全体を重視する人々なのに、これは奇妙と思えた。いったい何がどうなっているのか、とミノルはいくら考えてもわからず、久しぶりに寮のロビーでデーヴィスを捕まえて尋ねてみると、デーヴィスはしばらく考えこんで、こう言った。

「たぶん『創造性』ということに対する関心が、標準発達者の世界よりも低いんじゃないかな。マアモ島では『協調性』第一だけど、それはどちらかというと創造による革新よりも、互いの同質性を確認しあって、安心感を得ることを志向するのかもしれない。でもそれは悪いことじゃないかもしれないよ。だって標準発達の世界だって、そんなに目立った創造性のない人は、珍しくないでしょう。標準発達者でもそうだけど、己開症スペクトラム障害者はよけいにそうだと思う。そういう人たちは、『創造性』第一の世界観にひそかに苦しんでいるんじゃないかな。ミノルはそうじゃなかった？　マアモ島でも『協調性』第一の世界観で、それに苦しむ人がいるのと同じことかなと思う。それを考えないと、公平でない気がする」

そのように指摘されて、「じぶんには創造性と呼べるものが足りない」と自責する場面がたしかに多かったミノルは、何も言えなくなるのだった。

自室に引きこもりがちに生活するようになっていたティロは、ほとんど姿を見せない時期が続いていたけれど、秋になると寮のロビーに滞在するのを眼にすることが多くなった。顔色もずっと明るくなっている。デーヴィスとティロがロビーで笑いながら話しているのを見かけたミノルは、ふたりに話しかけた。デーヴィスが言った。

「ミノル、ティロは福祉学専攻のクラスメイトから自助グループについて教えてもらって、そこにつながって元気を取りもどせたらしいよ」

ミノルは意表をつかれた。

「自助グループ？　依存症治療で精神科に併せて通うようなやつですか」

ティロが答える。

「そうだよ。じつはマアモ島では精神障害の患者たちによる自助グループがずいぶんと栄えているんだ」

ミノルはそんな事実について考えたことがなくて、何も言えないでいた。そこでデーヴィスが言った。

「僕もこのことは知らなかったから、とても興味を引かれているんだ。今度の週末も開催されるようだから、三人で行ってみないか」

ミノルは承諾の返事をして部屋に行き、インターネットで英語を使いながら自助グループについて調べてみた。酒、アルコール、ギャンブルなどの嗜癖(アディクション)に溺れる依存症者が、仲間と語りあって、回復への道を探る。依存症は完治させるのが難しい精神障害だけれど、当事者同士の語りあいがスリップ、つまりやめていた嗜癖にふたたび手を出してしまうことを防止しやすくなるということがわかって、全世界的に栄えている活動だった。この種の依存症自助グループでは、個々の参加者の発言に対して、ほかの参加者が応答することは原則として認められていない。順番にじぶんの体験談や近況、苦悩や葛藤について語っていき、コメントも質問もしない。

ミノルはそのあと日本語を使って、発達障害者のための自助グループについて検索してみた。日本で暮らしていても気づかなかったし、精神科のクリニックや特別支援学級で話題になったこともないはずだけれど、日本でも精神障害の当事者たちによる自助グループ文化がさまざまに発展していることがわかった。依存症のグループとは異なる仕方で、語りあいの場が開かれ、多くの場合はそれぞれの人の発言に対して、ごくふつうの応答が交わされているようだ。インターネット情報を読むかぎりでは、茶話会的なスタイルの会合が多いように感じた。

続いてミノルは、マアモ語でも「自助グループ」という言葉を検索してみたけれど、残念ながら、それらしい情報が何も出てこなかった。まったく想像ができないまま、土曜の昼過ぎに、ミノルはデーヴィスとティロと連れだって出かけた。会合が開かれる場所は、ミノルがかつてマアモ語の勉強のために毎日のように通っていた公民館だった。会場となる小さな会議室に入って、しばらく三人で座っていると、主催者らしき人がふたり入室してきた。

主催者と思われる三〇代後半くらいの女性が言った。

「みなさん、こんにちは。この自助グループでは、精神障害者のための当事者研究をやっています。当事者研究とは、病気や障害の当事者が、じぶんの苦労の仕組みを仲間と一緒に研究し、生きづらさの少ない状況をめざしていくという取りくみです。ですから、『研究』と言っても学術的（アカデミック）な研究活動とは別物です」

ミノルは「当事者研究」という初めて聞く言葉に面食らって、横に座っているデーヴィスの顔をふと見ると、彼はミノルの顔を見つめながら、ニコニコしている。デーヴィスの向こうにいるティロは無表情で前方を見つめている。己開症スペクトラム障害者への擬態に慣れたデーヴィスと、標準発達者そのもののティロとの顔つきのあらわな差異を感じた。
参加者たちが自己紹介していく。先ほどしゃべっていた女性は統合失調症の当事者で、現在は寛解していると語った。もうひとりの主催者は三〇歳前後の女性で、リストカット癖を依存症として苦しんでいると語る。参加者側には、三〇代半ばくらいの双極性障害（躁鬱病）の男性、五〇代くらいのアダルトチルドレンの女性、そしてティロ、デーヴィス、ミノルがいた。ティロは「この島の文化になじめない鬱状態の当事者」と、デーヴィスは「自閉症スペクトラム障害者」と、ミノルは「己閉症スペクトラム障害者」として自己紹介した。ティロはずっと引きこもっていて、デーヴィスやミノルとじっくり話したことも少ないために、「己閉症スペクトラム障害」や「自閉症スペクトラム障害」という言葉を知らず、じぶんの苦しい精神状態は、じぶんの出身地とこの島のカルチャーギャップに起因すると考えているようだった。デーヴィスとミノルはティロに無用な動揺を与えないように言葉遣いを慎重に選ばなければならなかった。さいわいに、ティロは動揺することなく、ふたりの語りを聞いてくれたようだった。

初めて体験する当事者研究会は、なんとも興味深いものだった。双極性障害の男性が、日常の困り事について報告して、じぶんなりに考えた解決案を語り、それを日々どのように実践したか例示し、何がどのようにうまくいかなかったかを紹介していく。先ほど前で話していた女性が司会を務める。もうひとりの主催者側の女性がホワイトボードを担当して、語られる内容の要点をマーカーで記入していく。司会者は双極性障害の男性と巧みに対話しながら、詳細を訊きだしていく。彼女は会場のほかの参加者たちに質問や意見がないかを尋ねる。悩み事の類似例やじぶんなりの解決案について各自が発言していく。双極性障害の男性が応答する。ホワイトボード担当の女性は、黒マーカー、青マーカー、赤マーカーを駆使して、イラストなども入れながら、ホワイトボードの書きこみを増やしていく。

ミノルは体験しながら、「似たもの同士の相互研究か！　こういう方法があったのか」と率直に感銘を受けた。最初の「研究」が終わって、司会の女性が「ではつぎに希望する人はいますか」と発言すると、ミノルは思わずさっと手を挙げていた。出しゃばることを控える傾向のあるミノルとしては、珍しい態度で、ミノル自身がじぶんの行動に驚いた。

司会者の女性がうなずいて言った。

「ではミノルさんにお願いしましょう。研究テーマは何にしますか」

ミノルは言った。

「ネコとイヌとサルの研究でお願いします」

司会者の女性は思わず噴きだして、笑いながら言った。

「まあ。当事者研究のテーマって、典型的には『どうしても共依存になる私』とか『幻聴の無限ループ』とかなのに、『ネコとイヌとサルの研究』。どんな話を聞かせてくれるのかしら」

ミノルは話した。

「ぼくは日本で育って、そのあと世界旅行をしたこともあるのですが、マアモ島と海球のほかの場所では、人間社会にいろんな違いが目立っているように感じます。なんというか、海球の多くの場所では、人間関係が、マアモ島よりも合目的的というか、目的第一でつながっている感じがします。それに対して、この島では目的志向よりはつながり第一というか、連帯感や協調性がずっと重視されている気がします。日本では『人間はネコのように脆い』とか『人間は壊れもの』などの格言があって、同じような表現は世界の多くの場所にあるはずです。それに対して、マアモ島では人間はもっと頑丈なイメージで捉えられています。街中で働く人を見ていて、従業員が上司から『ほら、気張れよ!』とか『我慢が大事』とか論されているのを耳にすることがあります。そういうセリフを、この島の外では聞いたことがありません。マアモ島の外では、声かけで代表的なものは『無駄にがんばらないように』とか『まずは持続可能性でしょ!』といったものだと思います。

とくに顕著な違いは、マアモ島では多くの人が集団行動をしたがるということです。放デイの事業所で働いているのですが、相手をしている女の子たちは連れだってトイレに行こうとするんです。男の子たちはしきりにドッジボールをやりたがります。そういうふうに群れを作って行動するのは、海球の人類文化としては、きわめて特殊だと感じます。海球の多くの場所では、ひとりひとりの個性を尊重した自然な社会を作ることが重んじられていますし、個性を殺して同調する思想はファシズムに見えて、怖く感じるところがあります。そして、そのような社会にうまくなじめない人が一定数います。外部からこの島にやってきた留学生たちは良い見本です。ちょうど九〇匹以上のサルがいる群れに一〇匹以下のイヌとネコが混じって暮らしているような具合で、そりゃあナーヴァスになってしまうよ、って思います。そんな留学生を何人も見てきましたし、マアモ島の住人にもそういうイヌ型やネコ型の人をときどき見かけます。

マアモ島の人たちが、この問題をどう考えているのか摑みかねるところはあるのですが、海球の多くの場所では状況は逆です。九〇匹以上のネコがいる共同体に、一〇匹以下のイヌとサルが混じっている状況です。マアモ島の外では、そのネコたちは標準発達者と呼ばれていて、イヌたちは注意欠陥・多動性障害者と呼ばれていて、サルたちは己開症スペクトラム障害者と呼ばれています。ぼくは一匹のサルとして、そういうネコ中心の社会で苦しんで生きてきました。ネコたちからひどいいじめに遭ったというのではありません。でも、どうしてもいつも生きづらいと感じてきました。マアモ島に来て、結局どこに行っても少数派への配慮って、不充分になりがちなんだと気づきました。この島で大学や語学学校に通って、寮でたくさん仲間たちと雑談をして、労働も少しだけど経験して、そう気づくことができました。この経験を、日本に帰ったら、今後の人生に活用していきたいと思います。そして、少数派にとっても生きやすい社会を作るための仕事に就きたいと思ったんです。いつかその仕事を通して、マアモ島にも恩返しをしたいと思っています」

ホワイトボードを担当する女性は情報量の多さに圧倒されて、途中でマーカーでミノルの話の要点を書きとめていくのを断念した。司会者の女性はそれをちらっと見ながらも、だいたいは眼をつむって、ミノルの発言を全身で受けとめようとしていた。ミノルが話しおわると、彼女は言った。

「そうですね。これは一般的な当事者研究のスタイルとは異なりますが、ミノルさんにとっては、このような形でじぶんの思いを整理することが、いまのタイミングではどうしても必要だったのだと思います。会場に応答したい人がいたら、ご発言をお願いします」

会場はしんと静まりかえったけれど、デーヴィスが手を挙げて、ミノルの気持ちをねぎらう言葉をかけた。ティロは何かを考えこんでいたが、手を挙げて言った。
「応答ということではありませんが、ミノルの発言に敬意を表します」

帰り道でデーヴィスはミノルに語りかけながら、ほがらかに笑った。
「ミノル、ぼくの己開症スペクトラム障害者への擬態よりも、きみの標準発達者への擬態のほうが、ずっとうまいんじゃないか。きっとこの島で言う『自閉スペクトラム症』の当事者のように見えたと思うよ」

ミノルは愛想笑いでデーヴィスに応じた。これまでいつもやってきた、およそ標準発達的ではない仕草だ。三人は寮に帰ってから、疲れたということでそれぞれの部屋に入ったけれど、それから数日のあいだは、以前ミノルとデーヴィスがよくやっていた、この島での「脳の多様性」の反転構造について、ティロと意見を交わす機会を多く持った。ティロはこの島の特殊な事情を理解することで、じぶんの精神的状況を整理でき、顔立ちがますます明るくなっていった。

V

その後、秋が深まると、クリスマスが近いということで、この島でも若者たちは色めきだった。ミノルもクラスメイトのある女性と親密な関係になっていった。彼女は現地出身で、肌は浅黒く、顔立ちはミノルの好みどおりの女性だった。「昔からポニーテールに惹かれてしまうんだな」とミノルはじぶんの趣味の薄っぺらさを照れくさがった。こういう恋愛対象に対するこだわりに関して、標準発達者、注意欠陥・多動性障害者、自閉症スペクトラム障害者のあいだに差異はあるのだろうか。あまりないのではないか、とミノルは思う。誰かを愛したい、ふたりだけの世界を実現したい、性的な欲望を満たしたいという思いは、人間にとって大きな意味を持っている。もちろん、恋愛や性愛に深い関心を持たない人たちは珍しくない。このテーマについて考えてみようとしたものの、ミノルには難しく感じられた。

街がクリスマスのイルミネーションに彩られると、ミノルはその女性、ジュリアと連れだって毎週末、繁華街を歩いて、デートを楽しんだ。彼女の表情はミサキちゃんに似ているところもあるけれど、全体としてはずいぶん違っている。それは結局、一口に自閉症スペクトラム障害者と言っても、その多様性はきわめて豊かだということを意味していた。ひとりひとりに異なった仕方で「脳の多様性」が備わっているのだ。

しかし、クリスマスを迎えて、ふたりでベッドを共にして――ミノルにとっては初めての性交体験だった――そのあとはそれまでの気分の盛り上がりが一段落したと言わんばかりに、ふたりのあいだで細かな揉め事が連続した。ミノルは辛抱強く、この時期をこらえなければならなかった。

「なぜあなたは、いつも楽しみ方が中途半端なの」

ジュリアはそう言ってミノルを非難した。ジュリアは、ミノルは留学生なのに、ほかの留学生たちにはぜんぜん似ていないことが、最初に惹かれるきっかけだったと言った。

ミノルは溜め息をついた。この島の特殊さ、島の外での「脳の多様性」の状況、「擬態」をやって「過剰適応」になったじぶんの人生について懸命に説明したものの、ジュリアがどこまで理解できたかはわからなかった。ミノルは言った。

「ぼくも楽しんでるんだよ。この島の人たちが好きだ。きみのことはいちばん好きだ。一緒にいてとても楽しいと思う。でも、なんとなくこれは『ふつう』じゃないという思いがあって、うしろめたさを感じざるをえないんだ。日本に帰ったあとに、どうやってまた溶けこむかという不安もあるし、この島での少数派のことを思うと、いまじぶんがこの島の多数派の側にいるということに、不公平な感じを抱いてしまうんだ」

ジュリアは彼女なりにミノルの言うことを理解しようとしたけれど、この島でだけ生きてきた彼女には、どうしても納得できないようだった。彼女は冷たい声で言った。

「思いっきり笑って、はしゃぐのはいけないこと？」

ミノルは顔を歪めて、弁明した。

「いや、ぜんぜんそうは思わない。この島の人のノリの良さには興奮を掻きたてられるし、じぶんもそのノリに合わせていると、快感のようなものがあるよ。それからこの島の人と話していると、ユーモアのセンスなんかもじぶんに近いと感じることが多いんだ。ぼくは外国人で異文化圏から来たから、どの冗談もおもしろいってわけじゃないけど、子どもの頃から『じぶんの笑いのセンスはまわりとは違うことが多いな』って感じてきたから。ただ……どうしてもいろいろ難しいんだ」

二月になる頃には、ジュリアは別の恋人を作って、ミノルは取りのこされた。ミノルの留学期間の終了が迫っていたことも、大きな理由のひとつだろう。しかし、いずれにしてもミノルがこの島にやってきた春がまた戻ってきた。ミノルはクラスメイトたちや、寮の仲間たちや、アルバイト先で知りあったさまざまな人々に別れの挨拶をして、帰国の手続きを済ませた。飛行機は問題なくマアモ島からムンバイへ、ムンバイから羽田空港へと飛んだ。

羽田空港に到着すると、ミノルの心に周辺環境の静かさが、マアモ島の空港に到着したときと逆の衝撃として、押しよせた。マアモ島は、なんと騒音まみれだったことだろうか。

空港を出てバスに乗って、じぶんが生まれ育った北関東の街に戻る。視界にはどこでも豊富な植物が見える。街が森に没していきそうだ。天気は雨模様だけれど、街並みは色彩豊かで、いろいろな工夫に富んだ形をしている。マアモ島とはまったくの異世界だった。ミノルは海外旅行を終えて、むしろこれから内面への精神旅行に入っていきそうに感じたほどだ。

日常に戻るやいなや、ミノルはすぐさま再適応の困難さに直面した。マアモ島に住んでいたとき、さまざまな異質さに困惑しつづけていたとはいえ、思えば現地出身の人と話していても、外国語での会話での困難はあったにせよ、意思疎通はかなりスムーズだった。しかし日本に帰ってみると、正確に言えば標準発達者が多数の世界に戻ってみると、ほとんどの人との会話になかなかのストレスを感じた。ミノルは改めて「脳の多様性」という言葉を思った。結局のところ、脳の多様性を尊重するためには、社会の多くの部分をインクルーシブ・デザインへと変えていくしかない。少数派に属する人が無用に苦しむことが減るように、なんとかそれを達成していくべきなのだ。ミノルはそう思わざるをえなかった。

ミノルは留学前に一五年以上も通っていた学校に、ふたたび通学するようになった。博士論文の論題を「マアモ島の研究――非定型発達者が九九％の土地」と設定し、調査の取りまとめを始めた。マアモ島社会の特色を総説し、留学生活で得た体験を自己分析した。日本でも続行していける置き土産のようなものとして、当事者研究が残っていた。関連する本を読んでみると、一般的な認知行動療法がリフレーミング、つまり当事者の認知の枠組みを再構成することに重きを置くのに対して、当事者研究では環境の調整を重視することがわかった。この取りくみを発達障害者のために実践することを目的とする自助グループをじぶんでも主催することにして、ミノルは帰国後の動揺と精神的危機を乗りきった。それでも、外国文化と日本文化のギャップに加えて、「脳の多様性」の反転状況というギャップ――この二重のギャップ――に耐えるのは、心の体力を必要とした。

当事者研究に頼った日々が始まった。ふだんの生活でひとりでじぶん自身について考察し、生活上でさまざまな試行錯誤をおこなっていく。週末、公民館で会合を開いて、考察した内容を公開して、参加してくれた仲間の意見を集めていく。仲間の事例についても積極的に発言し、じぶん自身に対する考察の参考にする。そのような当事者研究を中軸に据えた生活を送るなかで、ミノルはじぶんのセルフケアが巧みになっていった。

たとえば、己開症スペクトラム障害者は、標準発達者に比べて集中がより安定しているために、労働にあたって長時間の「連続運転」が可能になるけれども、それが疲労を無意識のうちに蓄積してしまい、気がつけば体を壊していたり、鬱状態になってしまったりする。標準発達者ならば、こまめに休息を取るのが当たり前だけれど、自閉症スペクトラム障害者にはそれはまどろっこしくてイライラするから、つい無理をしてしまう。そのことを自覚して、ミノルはじぶんにふさわしい仕方で休憩を取るように習慣作りをした。

また、ミノルには小さい頃から周囲の人が冷たく感じられてきたのだが、どう観察しても悪意はなさそうということが、腑に落ちなかった。これは標準発達者に比べて、自閉症スペクトラム障害者は対人交流には熱心な傾向があること、じぶんが発するコミュニケーション行為に見合った応答が標準発達者の相手から返ってこないことで、ストレスを感じてしまうのだとわかってきた。ミノルは帰国後も、マアモ島で知りあった人の一部と連絡を取りつづけ、じぶんの気を休める機会を多く持った。現地出身の数人や、自閉症スペクトラム障害者にじょうずに擬態するデーヴィスと、ミノルは長いあいだ交流を持った。

コミュニケーションの齟齬には聴覚の問題も関係していると気づくようになった。自閉症スペクトラム障害者は聴覚の繊細性に問題があり、標準発達者に比べて騒音の煩わしさに鈍感な傾向がある。しかしこれは長所にもなっていて、じつは自閉症スペクトラム障害者は標準発達者よりも、周囲からより多くの聴覚情報を拾いやすい耳を持っている。そのことに気づいてから、ミノルは会話などでじぶんが処理できる音が多すぎて、それが会話でのギャップを生みだしているのだと理解することができた。ミノルが懸命に話しても、相手はそれをすべて受けとめることはできないため、その齟齬からミノルはストレスを溜めやすいのだ。

かつてミノルは世界旅行をやって、どこかにじぶんにぴったりの世界があるのではないかと期待した。そのような世界はどこにもなかった。じぶんと同じ己開症スペクトラム障害の特性を持つ人が九九％のマアモ島ですら、楽園のような場所ではなかった。マアモ島ではいろいろなことを体験し、前もって予想したよりはクリシュナ・プラダーンとその作品について考える機会は限定的だったけれど、帰国後はまた折に触れてプラダーンの本を読むようになった。なるほど、たしかにそこに描かれているのはマアモ島の現実だった。しかし文学作品というものは言葉や文章が著者ごとの独特な仕方で整理され、それがなんとも美しい雰囲気を醸成するものだから、ミノルはプラダーンの本を読むたびに、マアモ島の良い側面について思考をめぐらせることができるのだった。

ミノルはマアモ島から帰ってから二年半で博士論文を執筆し、口頭試問に合格した。二六歳で発達障害者を支援する企業に入って、フルタイムで業務に携わるようになった。マアモ島でやっていたのと同じように幼稚園や放デイの補助をすることもあったし、成人向けの利用者のために就職支援をすることもあった。平日はそうやって支援者のために働きながら、休日には当事者として自助グループで活動した。ミノルは二七歳から交際を始めた日本人の女性と二九歳のときに結婚し、三一歳のときに娘が生まれた。それから数年も経たないうちに、ミノルは亡くなった。発達障害者として多くの苦労に見舞われながらも、ミノルのまわりでは笑いが絶えず、彼は多くの人から愛され、幸せな人生を生きることができた。

あとがきに代えて——著者の横道誠より読者のみなさんへ

私は発達障害者です。精神医学的な言い方をすれば、神経発達症の患者です。子どもの頃から苦しみの多い人生を歩んできましたが、かつては発達障害に関する認知が広まっていなかったため、診断を受けたのはようやく四〇歳になってからでした。

私が受けた発達障害の診断は、奇妙な社会性とコミュニケーションのあり方、こだわりなどによって特徴づけられる自閉スペクトラム症（旧称：自閉症スペクトラム障害）と、不注意や多動と衝動性などによって特徴づけられる注意欠如多動症（旧称：注意欠陥・多動性障害）です。深刻な不器用や運動音痴を特徴とする発達性協調運動症もふだんの行動に顕著に現れています。算数に関する想像力が湧かず、その点で限局性学習症の傾向があるとも自己診断しています。チック症や吃音（小児期発症流暢症）も医学的には神経発達症に属するのですが、いずれもやはり私に備わっています。まるで発達障害のデパートのような人間だという自己認識を抱いているくらいです。

発達障害があると精神的に脆弱になるため、二次障害が発生しやすいことがわかっています。私は酒に溺れて、不眠障害に苦しむようになり、アルコール依存症の治療に通っています。依存症になる人は多くの場合、トラウマ（心的外傷）にまみれていて、その苦しみをまぎらわせるために酒や薬物にのめりこむということが知られています。私も同様です。おそらく心的外傷後ストレス障害（ＰＴＳＤ）が深刻化した複雑性ＰＴＳＤをも罹患しているのでしょう。

私の心は何によって破壊されたのでしょうか。要因として何をおいても大きいのは、子どもの頃の生育環境だと思います。私はカルト宗教に入信した親の子ども、いわゆる「宗教2世」として残酷な子ども時代を送りました。何年にもわたって肉体的暴力にさらされながら生き、何度も自殺を考えました。私はいまでも親に対する複雑な感情を持てあましながら生きています。

暴力にさらされたのは、家庭のなかだけではありません。多くの発達障害児が体験するように、学校では日常的に仲間外れやいじめに遭いつづけました。私はそんななかで「擬態」することを習得せざるをえませんでした。じぶんの自然な振るまいが相手に与える否定的な印象を、物語を読んで得た知見などを参考にしつつ、相手の言動から洞察するようになって、じぶんの心を偽りながら、生きるうえでの選択肢を選びつづけることにしました。本書で「擬態」が大きなテーマになっているのは、私のそのような体験を反映しているからです。私は「擬態」を端的に人間の魂に対する殺害だと見なしています。読者のみなさんが、その魂の殺害について考えてくださると、著者としては書いた甲斐があったと考えます。

この作品を書きながら、主人公のミノルが接する人々、つまり両親、クラスメイト、教師、友人、恋人などに対して、私はどれだけ愛情を感じたことでしょうか。私がじぶんの人生でいつも出会いたいと願い、出会えなかった人たちです。ミノルの人生は、私の人生よりもずっと恵まれています。なんと言っても、ミノルは私よりもずっと優しくて賢い人です。親から暴力を振るわれたことはなく、いじめや仲間外れにされるに至った経験もなく、叱られたことすら私よりずっと少ないのです。それでも、ミノルがこんなにもつらい人生を送るのだということを、私はどうしても表現しておきたくて仕方なかった。ミノルの姿から、その著者がもっと苦しい人生を生きてきたこと、さらには莫大な数の発達障害者たちが、私よりもはるかに絶望しながら日々を生きているという事実に思いを馳せてみてください。

ミノルが最終的に体験した運命は、読者のみなさんにとって充分に納得できるものではなかったかもしれません。それでも著者の私は、彼の最期に関する記述が、私たちが日常的に体験しているリアルな絶望を表現するためにどうしても必要不可欠だと判断したのです。

この企画の種になるアイデアを提供してくださり、きわめて明晰な解説も添えてくださった村中直人先生、最初から最後まで惜しまぬ努力で伴走してくださった編集者の亀山みのりさん、そして読んでくださった読者のみなさんに、心からの感謝を捧げます。

二〇二三年一〇月　横道　誠

《著者紹介》

横道　誠（よこみち・まこと）

1979年生まれ。博士（文学）（京都大学，2022年）。京都府立大学文学部准教授。著書に『みんな水の中――「発達障害」自助グループの文学研究者はどんな世界に棲んでいるか』（医学書院，2021年），『グリム兄弟とその学問的後継者たち――神話に魂を奪われて』（ミネルヴァ書房，2023年）ほか。

《解説者紹介》

村中直人（むらなか・なおと）

1977年生まれ。臨床心理士，公認心理師。一般社団法人子ども・青少年育成支援協会代表理事，Neurodiversity at Work 株式会社代表取締役。著書に『ニューロダイバーシティの教科書――多様性尊重社会へのキーワード』（金子書房，2020年），『〈叱る依存〉がとまらない』（紀伊國屋書店，2022年）ほか。

海球小説
――次世代の発達障害論――

2024年1月23日　初版第1刷発行　〈検印省略〉

定価はカバーに
表示しています

著　者　横　道　　誠
解説者　村　中　直　人
発行者　杉　田　啓　三
印刷者　坂　本　喜　杏

発行所　株式会社　ミネルヴァ書房
607-8494　京都市山科区日ノ岡堤谷町1
電話代表　(075)581-5191
振替口座　01020-0-8076

冨山房インターナショナル・新生製本

ISBN 978-4-623-09699-2
Printed in Japan